石田梅岩に学ぶ 石門心学《せきもんしんがく》の経営

田中宏司
水尾順一【編著】
蟻生俊夫

同友館

はじめに

「先も立ち、我も立つ」（相手もうまくいく、自分もうまくいく）

これは、江戸時代の儒者・石田梅岩の言葉である。「先（相手）」をステークホルダーと解釈すれば、現代のＣＳＲ（企業の社会的責任）について、実にシンプルな言葉で表したものといえよう。

梅岩は、将軍・徳川綱吉から吉宗の江戸時代に生き、儒教などを独学し、「勤勉」「正直」「倹約」の重要性から、人間の本質、「人の人たる道」を追求した。士農工商の中で、特に商人にスポットをあて、「商人の売買の儲けは、武士の俸禄と同じ」と、その活動を正当化した。

梅岩は、男女の別なく、大人から子供まで、無料で、平易で実践的な道徳の教えを説いた。この教えは、庶民、町人を中心に全国に広がっていった。梅岩の死後も、手島堵庵《てじまとあん》をはじめ多くの弟子たちによって継承され、「石門《せきもん》心学」と呼ばれるようになった。

この石門心学は、「売り手よし、買い手よし、世間よし」という近江商人の三方よしと関連が深く、松坂屋や三越などの家訓に残り、現在まで続いている。渋沢栄一や稲盛和夫など、偉大な経営者にも大きな影響を与えている。

梅岩は、ＣＳＲの原点とも見なせる経済思想、さらには日本型経営、資本主義の原理を編み出した思想家であり、それを社会に広めた実践者といえる。

しかしながら、梅岩の事跡、石門心学の内容、経緯、その現代経営上の意義、影響、位置づけなどについて、ほとんど知られていないのが現状であろう。

本書は、こうした問題意識からスタートし、ＣＳＲを専門に研究する日本経営倫理学会のメンバーや、産業界で実務を経験しながら勤務する（一社）経営倫理実践研究センター（巻末参照）の会員企業の社会人らが集まり、議論を始めた。

加えて、筆者らは、梅岩の石門心学のルーツを探るため、２０１８（平成30）年5月、京都府亀岡市にある石田梅岩生家、亀岡市文化資料館、丹波亀山城址などを訪ねた。ここでは、梅岩の事跡や貴重な情報を実際に見てから知り、学んだ。さらに、青い空、緑の森、川の流れ、鳥のさえずり、アザミの花など、さまざまな自然の光景を目にした。まさに「性は是天地万物の親」という梅岩の思いを実感した。この石門心学の教えを深め、社会に広めることの重要性を強く感じた。

本書は、この石門心学の重要性に共感した15名の執筆者によって執筆されている。

共同執筆の場合、ともすれば、オムニバスとなり、全体の主張がぼやけてしまう、重複があるなどの欠点も懸念された。これに対し、本書では、執筆者全員で上記の現地視察を行うとともに、梅岩の主著『都鄙問答《とひもんどう》』の熟読、理解を前提に執筆を進め、全体の章のつながり、構成、バランスを最大限に意識した編集を行った。

本書の前半部分は、「石田梅岩という人と、その教え、石門心学」としている。梅岩の生い立ち、学問的基礎、商人の意義、石門心学の歴史的な経緯、内容などをわかりやすく解説している。また、CSR経営の点で現在も注目を集める二宮尊徳や稲盛和夫、ピーター・ドラッカーとの関連から、梅岩の考えを改めて認識する。

後半部分は、「石門心学と現代経営」としている。ここでは、梅岩が自身の体験から、自ら考え、自らの言葉で独自の学問体系を構築したことを踏まえ、CSRやSDGs（Sustainable Development Goals、国連が2015年9月に提唱、採択した持続可能な開発目標）などの現在の経営課題との関連性を考察する。そして、顧客、従業員、社会貢献、クライシスコミュニケーションの側面から、梅岩の教えについて、企業の具体的事例に結びつけて考えていく。

この結果、本書は、石門心学の概要から理論、実践、実務までを含み、他に類を見ない構成、内容という特長を有している。筆者らは、本書により、理論と実践を一体化させて、現在に生かす「石門心学の経営」として社会に提起したい。

なお、本書は、研究書ではなく、一般の読者を想定している。このため、本文には、一部を除き、個々の引用・参照箇所は示していない。参考にさせていただいた文献、先行研究に関しては、巻末に一覧として示した。また、梅岩の主著『都鄙問答』からの引用については、読みやすさ、全体の統一性などを考慮し、基本的には、城島明彦が現代語訳した『石田梅岩『都鄙問答』』（致知出版社）の訳を使用させていただいた。これ以外の著書からの引用については、各章の担当執筆者が現代語訳したり、他の文献を参考にしたりしている。

筆者らは、偉人から学ぶＣＳＲ経営として、２０１６（平成28）年に『渋沢栄一に学ぶ「論語と算盤」の経営』（同友館）、２０１７（平成29）年に『二宮尊徳に学ぶ「報徳」の経営』（同友館）を刊行してきた。本書を加えることで、偉人から学ぶＣＳＲ経営の「三部作」が出そろったことになる。

本書を書くにあたって、筆者らは、多くの関係者や組織、企業の方々からご協力をいただいた。

特に、筆者らによる京都府亀岡市の梅岩生家などへの視察では、梅岩の兄の家系の末裔として生家を守る石田二郎《にろう》氏や、亀岡市文化資料館の八木めぐみ氏から直接お話をうかがう機会をいただき、梅岩の当地での姿を明確に想像し、本書を執筆する決意につながった。また、日本経営倫理学会からは研究プロジェクト助成金をいただき、経営倫理実践研究センターからはCSR部会という研究の機会を頂戴している。本書の出版もこれらのおかげであり、執筆者を代表して衷心からお礼を申しあげたい。

最後に、脇坂康弘・(株)同友館代表取締役社長、および鈴木良二・同社取締役出版部長には、本書の企画、執筆者打ち合わせ、編集業務などにおいて貴重かつ的確な助言も頂戴した。お二方のご協力によって本書を出版することができた。執筆者を代表して心から感謝申しあげる。

本書が、多くの人たちや組織、企業にとって、石門心学を知り、今後の生き方やCSRの道しるべとなれば望外の喜びである。

2019年3月

執筆者を代表して
田中宏司・水尾順一・蟻生俊夫

目次

はじめに――1

【プロローグ】現代に生きる「石門心学」の経営――13
1．今、甦る「商いの倫理」――13
2．不祥事を予防する企業文化と「3つの制度」――18
3．「石門心学」の伝承と発展――25

Ⅰ 石田梅岩という人と、その教え、石門心学――31

【第1章】石田梅岩の生い立ちと石門心学――32
1．梅岩の前半生：幼・少・青年期――32
2．梅岩の後半生：中・晩年期――37
3．梅岩の主張：勤勉、正直、倹約――40
4．石門心学の発展――46

【第2章】石田梅岩の学問的基礎 —— 52
1. 梅岩の思想・学問の基礎をめぐる諸説 —— 52
2. 梅岩以前の「心学」と仮名草子 —— 53
3. 梅岩の学問形成 —— 55
4. 梅岩の教育実践と学問的基礎 —— 67

【第3章】石田梅岩と賤商思想 —— 70
1. 江戸時代を貫く賤商思想 —— 70
2. 梅岩の挑戦 —— 78
3. 蔑視への挑戦者の系譜 —— 86

【第4章】石田梅岩と近江商人 —— 90
1. 梅岩の出生地「京」と隣国「近江」 —— 90
2. 梅岩に影響を与えた人物 —— 95
3. 梅岩の教えと近江商人の家訓との類似性 —— 101
4. 学問と実践 —— 103

【第5章】石田梅岩と二宮尊徳 —— 110
1．江戸時代の二人の在野の賢人 —— 110
2．梅岩と尊徳の教えの共通点 —— 113
3．今に生きる梅岩と尊徳の教え —— 123

【第6章】石田梅岩の「商人の道」と稲盛和夫の「経営の心」 —— 128
1．稲盛和夫の経営の足跡 —— 128
2．梅岩と稲盛の思想、哲学の比較 —— 134
3．思想、哲学形成の基礎、人としての生き方 —— 141
4．梅岩と稲盛が提起すること —— 144

【第7章】石田梅岩とピーター・ドラッカー
～人と社会のあり方を示した偉大な思想家たち～ —— 147
1．梅岩とドラッカーの思想の始まりに迫る —— 147
2．梅岩とドラッカーの比較　～社会観、本性、尊厳、自由について～ —— 153
3．日本人のＤＮＡに影響を与えた「石門心学」 —— 159
4．梅岩とドラッカー、二人の想いを未来につなげる —— 162

Ⅱ　石門心学と現代経営――167

【第8章】石門心学とサステナブル経営――168
1.「文字芸者」とESG投資――168
2.「子孫繁栄の道」とSDGs――171
3.「正直を守る」と企業経営――178
4.自らの体験と想像力の発揮――182

【第9章】石門心学とSDGs経営――185
1.梅岩の思想――185
2.梅岩の活動の特色――189
3.梅岩の「発信型三方よし」――192
4.現代に通じる石門心学：SDGsに通じる普遍性――195

【第10章】石門心学と顧客満足――203
1.『都鄙問答』と顧客満足――203
2.顧客満足実現のための顧客生涯価値型事業――207
3.近年の企業不祥事の傾向――211

4. 経営者による価値観共有のための活動 —— 213

【第11章】石門心学とダイバーシティ経営 —— 217
1. 梅岩とダイバーシティ経営 —— 217
2. 日本政府の取組み —— 219
3. ダイバーシティ経営の深度 —— 222
4. 茶道、医療とダイバーシティ —— 224

【第12章】石門心学と社会貢献 —— 232
1. 梅岩と商人道 —— 232
2. 「商人の道」で得た富の容認とその利用方法 —— 236
3. 梅岩の精神と企業の社会貢献のあり方：東日本大震災への対応 —— 238
4. 東日本大震災における資生堂の対応 —— 241

【第13章】『都鄙問答』に学ぶ企業危機とコミュニケーション —— 251
1. 企業のクライシスコミュニケーション —— 251
2. 企業信頼とクライシスコミュニケーションの緊張関係 —— 254
3. ネガティブなシグナルの影響と企業のジレンマ —— 257

4．『都鄙問答』とクライシスコミュニケーション——259

【エピローグ】石門心学の経営の留意点、今後の企業経営へのメッセージ——267
1．全体のまとめ——267
2．石門心学にもとづく企業経営の7か条——272

【付録】石田梅岩の関連年表——274

参考文献——281
編著者・執筆者紹介——294

【プロローグ】 現代に生きる「石門心学」の経営

1．今、甦る「商いの倫理」

(1) 先も立ち、我も立つ

いつになっても忘れてはならない言葉がある。「先も立ち、我も立つ」。有名な江戸時代の儒者、石田梅岩（1685（貞享2）～1744（延享元）年、以後「梅岩」と称す）の名言だ。

梅岩はこう主張する。「商いは常に相手があって成り立つ。売り手と買い手があるように作る人がいれば使う人もいる。他を利する心、すなわち「利他心」があってこそ、私利も確保できる。優れた品質と適正な価格、そのうえで正当な利益の確保など、「双方が立つ」ことが商人の志す道」（心学開講280年記念「今よみがえる石田梅岩の教え」、亀岡市文化資料館、30頁）。

そして、梅岩の教えは、儒教・仏教・神道にもとづいた道徳をもとに、「勤勉」「正直」「倹約」が説かれ、この3つのキーワードは石門心学と呼ばれる商人道の基盤となった。もともと陽明学を心学と呼ぶこともあり、それと区別するため、石田梅岩の門流という意味から石門の文字をつけたとされている。

3つのキーワードは自らが商家に奉公しながら体得したもので、その意味は言葉が示すとおりであるが、詳細は第1章にて触れるのでここでは省略する。これらの考え方はいずれも商いの道という意味では、ごく当たり前のこと。しかし、その当たり前のことができていないのが今の時代。

利他心を忘れ、自らの利益を追求するばかりに、「勤勉」「正直」そして「倹約」を忘れ、お客や社会に迷惑をかけている。頻発する企業の不祥事はその結果だ。

（2）経営倫理元年〈1987（昭和62）年〉から、「失われた30年」

企業の不祥事を今改めて振り返れば、東芝のココム違反事件が起きたのが1987（昭和62）年。この年を「経営倫理元年」と称したい。それ以降、すでに30年の年月が経過した今日まで、不祥事が続発しているからである。

日経4紙（日本経済新聞、日経MJ、日経金融新聞、日経産業新聞）をもとに、「経営倫理、

図表プロ－1 「経営倫理、企業倫理、コンプライアンス」の用語使用数

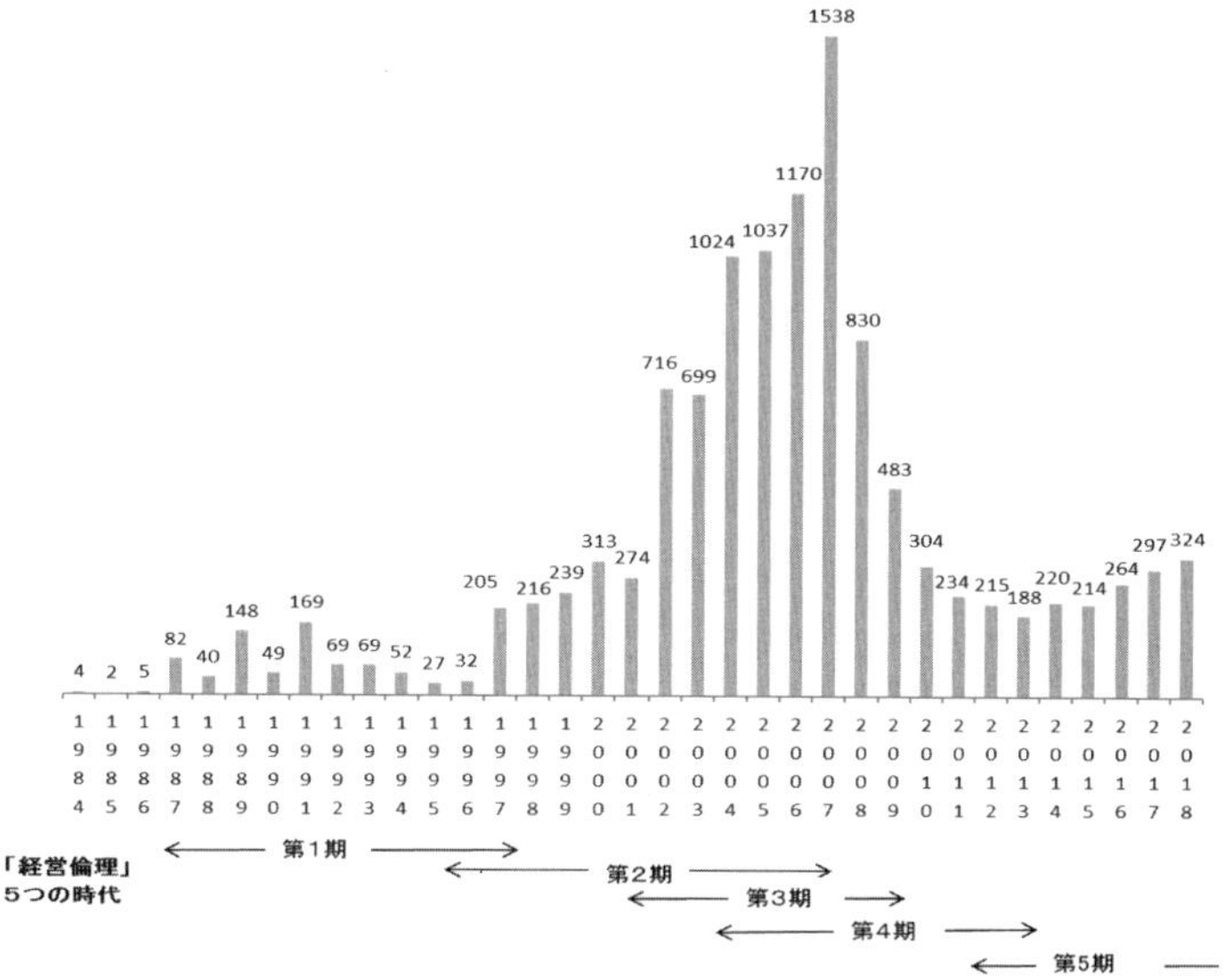

（注）人事・訃報記事、数字のみの場合は除外。
出所：日経テレコン21にて日経4紙を検索して筆者作成（2019年1月7日時点）。

企業倫理、コンプライアンス」の用語使用数を検索してみれば（図表プロ－1）、如実にそのことが示されている。

２０１８（平成30）年も、KYB、スルガ銀行、神戸製鋼など、不祥事が世間を震撼させた。経営倫理元年といわれる１９８７（昭和62）年以降の不祥事を分析すれば、「ヒト・モノ・カネ」から3つの領域に分類することができる。

なお、この不祥事の一覧は、ここでは紙面の都合で省略する。インターネット等で拙論「日本における経営倫理の過去・現在・未来：その制度的枠組みと、ECSRによる三方よし経営を考える」（info:doi/10.15004/00001849）を参照されたい。

（3）不祥事の3つの領域

1つは、「ヒト」にかかわる不祥事。

2000年に米国で起きた大手自動車会社のセクシュアルハラスメントや、昨年のスポーツ業界におけるパワーハラスメント、個人情報の流出問題、違法な長時間労働や不払い残業問題など、いじめ、差別なども含めた人権侵害にかかわる事件・不祥事である。

2つ目は「モノ」に関する不祥事。

自動車工場や鉄鋼製造会社の作業現場、それらをマネジメントする本社での現場管理部門などでのデータ改ざんやリコール隠し、下請法違反、食品の賞味・消費期限の書き換えやマンションの耐震偽装など、モノづくりに関する不祥事である。

3つ目は「カネ」にかかわる不祥事。

大手家電メーカーによる会計処理や巨額の損失隠しによる金融商品取引法違反、大手化粧品メーカーによる有価証券虚偽記載や、総会屋など反社会的勢力団体への利益供与、建設業界の談合・ヤミカルテル、証券会社によるインサイダーなど金銭にまつわる不祥事である。

コンプライアンスや企業倫理に関係する部署は、こうした企業不祥事の3つの領域を知ったうえで、現代企業の経営資源といわれる「ヒト・モノ・カネ」の領域からその対応を考えておかねばならない。これらの原因で共通していえるのは、多くの場合、「目先の利益」に溺れてしまったことである。

梅岩も認めるとおり、売上、利益を追求することは商いにおける当然の行為である。「商人の売買益は武士の俸禄と同じ」もので、利益の確保こそ、商人の「正直」であり、そしてすぐに（正しい、きれいな利益）とることが「商人の道」であると説いている（足立，1935、137頁）。

現代風にいえば、その結果、働く従業員に給料を支払い、取引先への支払い、そして地域社会への税金の支払い、さらには出資者である株主への配当や債権者への返済・利益還元なども可能となる。明日への蓄積もでき、資金面で強い会社を目指すことにもなる。

しかし、そのために何をしてもいいというのではない。

ステークホルダーといわれる従業員、お客さま、取引先、株主、地域社会などに迷惑をかけることなく、企業倫理を守り、「世のため、人のため」に尽くすことが大切なことは言うまでもない。

では、企業の不祥事を予防するには具体的にどうすればいいか、そのことについて次に考えてみたい。

2. 不祥事を予防する企業文化と「3つの制度」

(1) 不祥事を予防——三猿風土の打破と「見る、聞く、話す」の企業文化

企業の組織で、日頃からオープンなコミュニケーションが実施され、上司と部下、仲間たちとの対話が行われていれば、これによって悩みや苦悩が解消し、不祥事も起きえない。

しかしながら、現実はこれが難しく、できないこともある。

記憶に新しい大手家電メーカーの不正会計事件では、トップが現場を見ない、部下や現場の意見を聞かない、さらには誰も「おかしい、変だぞ」と言わない、という背景があった。自由にものが言える組織風土ではなかったのだ。

このような状態を筆者は「三猿風土」と称している。三猿風土とは、日光東照宮の神厩舎《しんきゅうしゃ》にある三匹の猿「見ざる、聞かざる、言わざる」の彫刻をもとに考えた筆者の造語だ。

日光の三猿は逆説的に「現場を見て、部下の言葉に耳を傾け、互いに自由に語りあう」リーダーシップが、経営者に必要なことを教えてくれる。

経営学の泰斗と称されるピーター・ドラッカーも指摘しているように、そもそも企業は自律的制度、つまり、企業自らが理念を定め、それにもとづいて行動の指針やルールを定めるのが

日光東照宮の神厩舎にある三匹の猿「見ざる、聞かざる、言わざる」
筆者撮影

基本である（Drucker, 1950，訳本, pp.46-47）。

たしかに、株主など利害関係者からの意見や要請もあるが、それでさえも経営者自らの意思で受け入れを判断するものである。現場を重視し、従業員の声に耳を傾け、対話を促進するような企業文化の構築が必要だ。

ダイセルの「ミエル化、イエル化、キケル化」

このことを企業文化に根づかせようと、「ミエル化、イエル化、キケル化」に取り組んでいる企業がある。化学会社のダイセルだ。

同社は、『全員で業務が「ミエル」、気づきが「イエル」、人の意見を「キケル」職場に！』を、２０１７～１８（平成29～30）年度の2年間、企業倫理のグループ重点目標に掲げた。特に同年8月から9月をコンプライアンス強化期間と定め、各職場の小グループで「なぜ、ミエル化、イエル化、キケル化が重要なのか」を議論している。

また、他社の不祥事事例を自職場にもあてはめて、ケーススタディとして議論したりするなど、意識啓発も行っている。

こうした活動を通じて、同社では、企業倫理に対して相互に気づきを促進させるとともに、個人と組織の感度を高めていく効果にも結びつけているのだ。


これまで述べたように、従業員が判断に悩み、苦悩するときに、リーダーと部下が腹をわって対話をすることで、企業の不祥事は、解決の糸口を見いだすことも可能である。多くの場合、上司が現場を見て、部下の話に耳を傾け、そして互いに話しあうことで、不祥事は未然予防に結びつくはずだ。

こうした対話もなく、解決の糸口を見いだせないときには、次に述べるような「内部相談・通報制度」など、他の手段を通じて解決に結びつけることも可能だ。しかし、あくまでも、まずは上司や仲間たちとの対話が第一歩であることを忘れてはならない。

（2） 不祥事を予防する3つの制度

1）「教育・研修」による間断のない意識啓発

不祥事を予防する3つの制度のうち、第一は「教育・研修」による間断のない意識啓発である。これについて、経営学者のハーバート・サイモンが次のように主張している。

「教育・研修の意義は、上司から管理・監督がなされなくとも、倫理的価値観にもとづき仕事や任務を遂行することができる『判断基準の枠組み』を提供することである」（Simon, 1945, 訳本, p.19）。

言い換えれば、教育・研修は、個人の内面に働きかけ自己との倫理的対話を促進し、彼らの倫理的な行動に影響を与える。その結果、組織全体に対して倫理的意思決定や行動に影響をおよぼし、倫理的組織文化の醸成につながる。

梅岩も「武士道」に匹敵する「商人道」を説き、商人は自分自身に天地自然の流れに沿った「心のものさし」を持つことを訴えた（平田、２００５、32-33頁）。梅岩が指摘する「心のものさし」づくりという視点は、サイモンが指摘する教育・研修の役割に匹敵する意味で共通部分が大いにある。

この「判断基準の枠組み」「心のものさし」が蓄積されていれば、「会社のため、組織のため」という経済価値優先で、不祥事を誘引する「虚偽の忠誠心」から非倫理的行為に手を染めようとしたとき、思いとどまることもできるものだ。

もちろん、大前提として「リーダーの倫理的価値観」が重要であることは言をまたない。1938（昭和13）年に経営学者のチェスター・バーナードが次のとおり主張しているように、組織の中枢となる理念だからである（Barnard, 1938, 訳本, p.295）。

「組織の存続は、それを支配している道徳性の高さに比例する。すなわち、予見、長期目的、高遠な理想こそ協働が持続する基盤なのである。……組織の存続はリーダーシップの良否に依存し、その良否はそれの基礎にある道徳性の高さから生じる」

2）日頃の「リスク・マネジメント」

第二の制度は、日頃の「リスク・マネジメント」である。

「教育・研修」による間断のない意識啓発を行っていたとしても、少しの不注意や、想定外の偶発的な理由でトラブルは起きる可能性がある。その時の対応も事前に考えておかねばならない。企業が過去の不祥事に学び、また今後発生するかもしれないコンプライアンス・リスクを洗い出し、その予兆を分析するなど不祥事の芽を摘んでおくことも大切である。

このことに対する一つの事例として「ハインリッヒの法則」というものがある。

1929年に米国の損害保険会社のハーバート・ハインリッヒが、労災事故の発生確率を調査した結果から提唱した、リスク・マネジメントに関する考え方の一つで「1：29：300の法則」ともいわれる。これは、1件の重大事故の背景には29件の小規模な事故と、事故にいたらない300件の異常があるという労働災害における経験則。さらにその背景には、数千、数万の危険な行為が潜んでいたともいわれ、通称「ヒヤリ・ハット」の原則とも称される（日本経営倫理学会編『経営倫理用語辞典』白桃書房、2008年、211頁）。この原則は労働災害や、事故の未然防止に対する考え方だが、最近よくある「この程度であれば問題ない」といわれる小さな不祥事とされていても、放置すれば重大なコンプライアンス違反につながる可能性もあることから、企業不祥事の予防にも応用できる考え方だ。

3）不祥事の未然予防と早期発見の「内部相談・通報制度」

不祥事を予防する第三の制度は、いわゆるヘルプラインやホットラインと称されている「内部相談・通報制度」である。一般的には「内部通報制度」として表現される。

内部相談・通報制度は、不祥事発生後の通報も重要であるものの、図表プロ－2のように不祥事発生の前に機能して未然予防に結びつくのが本来的な役割であるべきで（水尾、2002、85頁）、その意味から筆者は相談という機能を明確にしてこのように表現している。

図表プロ-2　内部相談・通報制度の領域

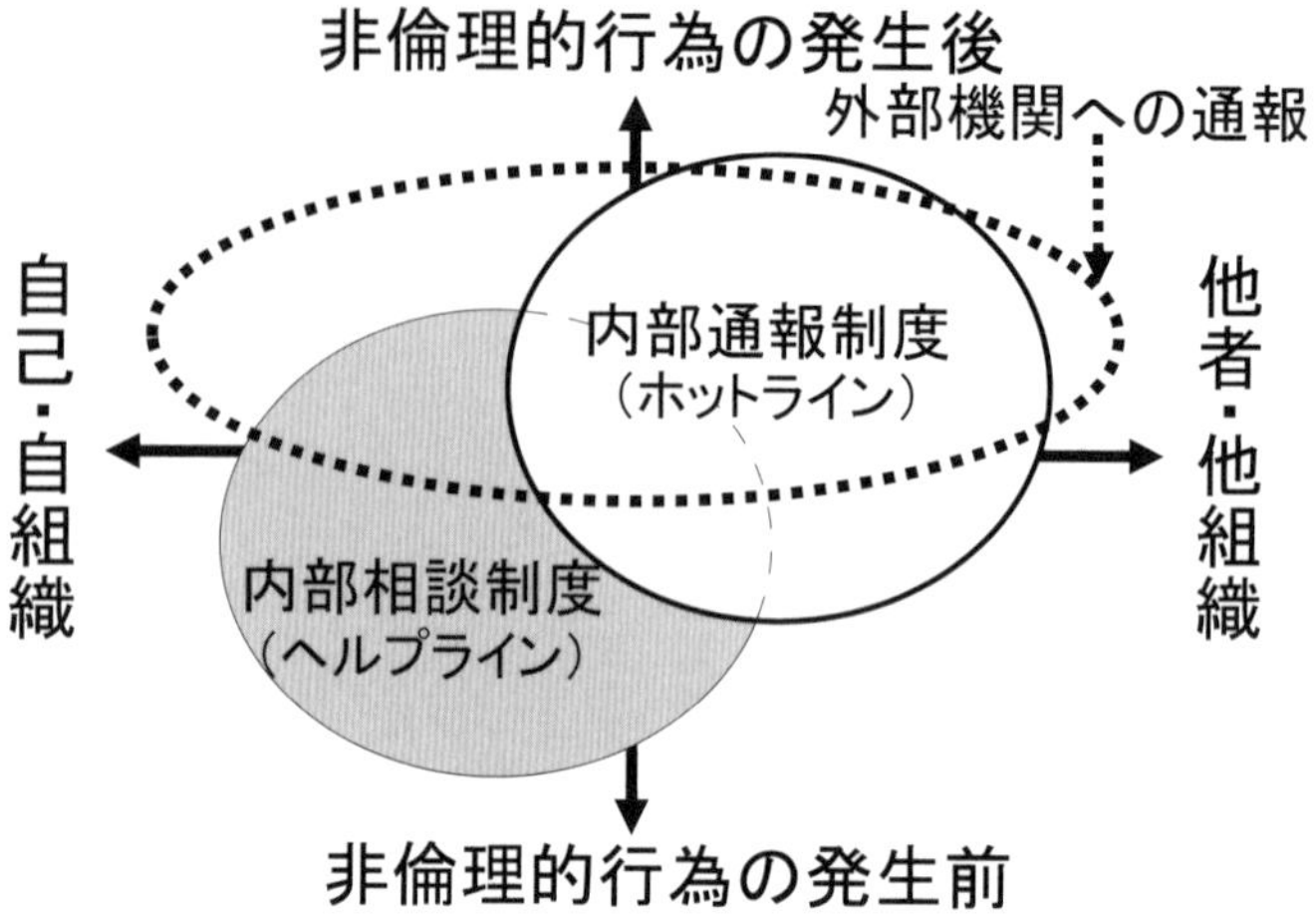

（注）水尾（2002）pp.81-82をもとに加筆修正。

日頃の「教育・研修」が行われていたとしても、時として従業員は判断に悩み、苦しむこともあるだろう。そのような時に、必要なのは「対話」だ。第2節（1）「三猿風土の打破と「見る、聞く、話す」の企業文化」で述べたとおり、上司と部下・仲間たちとの対話、あるいはヘルプラインのような相談窓口の利用を通じて、相談ができればおのずと解決する問題もあるだろう。これが不祥事の未然予防につながる。

その意味から内部通報制度は、「内部相談・通報制度」として、事前の相談で問題を解決に結びつけるべくその意義を組織内に徹底することが肝要である。

この点は、２０１６（平成28）年12月に発表された消費者庁の「公益通報者保護制度の実効性の向上に関する検討会」最終報告書でも、冒頭の「1．事業者が自主的に取り組むことが推奨される事項の具体化・明確化」において、次のように指摘している。

「通報者の視点として、従業員等が安心して「相談・通報」ができる環境の整備促進が必要である」（消費者庁、2016、10頁）。

内部相談・通報制度が、従業員や取引先、お客さまなどステークホルダーからの信頼やレピュテーションを高めるためには、①通報にかかわる秘密保持の徹底、②通報者に対する不利益取り扱いの禁止、さらには③内部相談・通報制度の利用に関するアクセシビリティー（利用しやすさ）も重要である。

加えて、信頼できる公的な評価も大切であり、その意味から2018（平成30）年度末から消費者庁が取組みを始めた「内部通報制度認証（Whistleblowing Compliance Management System：WCMS 認証）」は効果的だ。

3．「石門心学」の伝承と発展

（1）京都で伝承される石門心学

梅岩亡き後、弟子の手島堵庵が心学の普及につとめ、1765（明和2）年には京都に最初

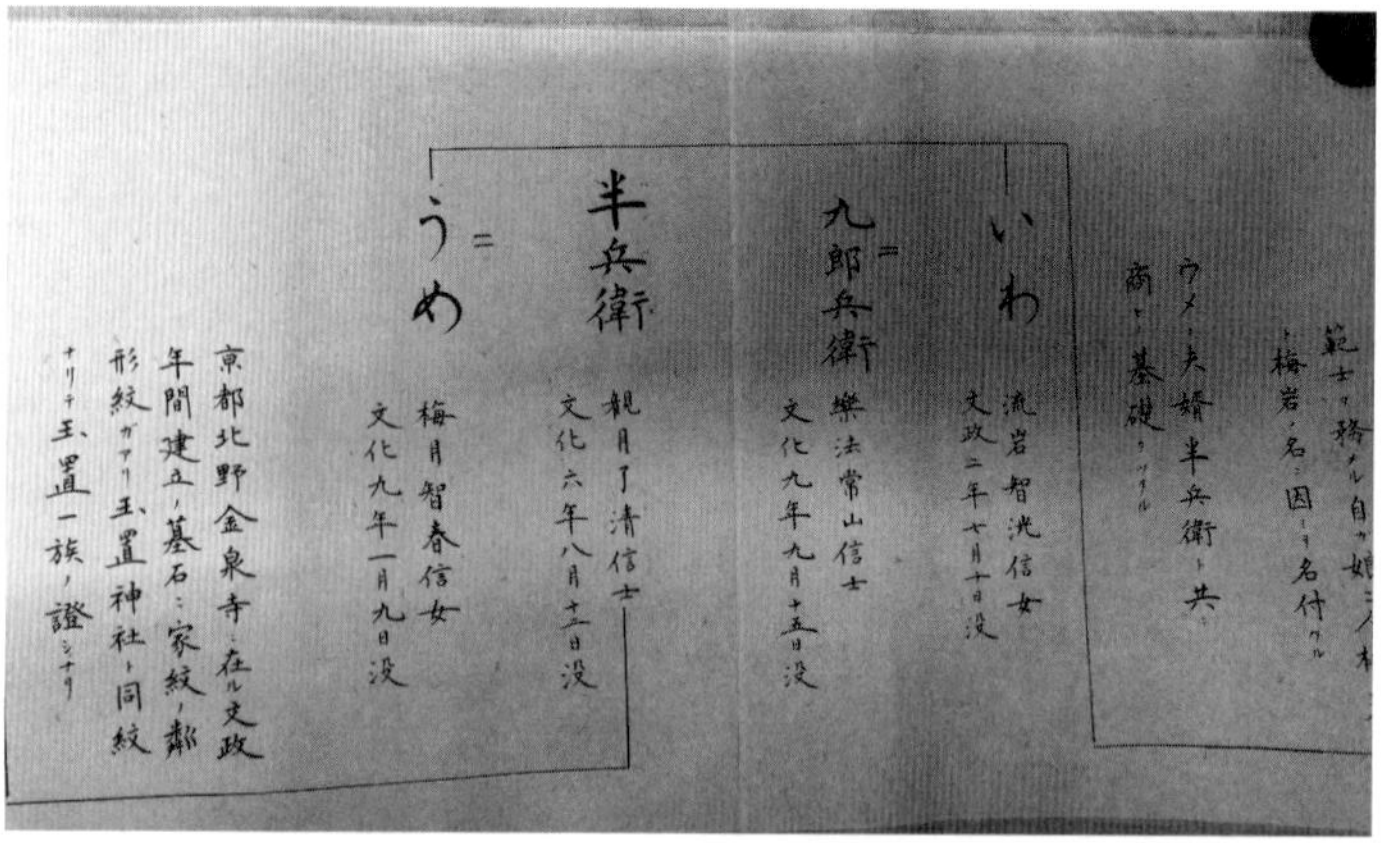

玉置家の家系図にある、2人の娘「うめ」と「いわ」の名前

京都「半兵衛麩」にて11代当主の許可を得て筆者撮影（2018年8月）

の心学講舎である五楽舎《ごらくしゃ》を設立。さらに1773（安永2）年には、同じ京都に脩正舎《しゅうせいしゃ》、1779（安永8）年に時習舎《じしゅうしゃ》を、1782（天明2）年には明倫舎《めいりんしゃ》をそれぞれ開設するなど心学講舎を拡大した。

その京都には、石門心学を経営理念において活動する企業が今も多くある。1689（元禄2）年に御所の料理番の大膳亮《だいぜんのすけ》だった初代半兵衛が麩の商いを始め、現在は11代当主の玉置半兵衛氏が経営している「半兵衛麩」もその一つだ。

3代目の三十郎は梅岩の弟子である杉浦宗恒に師事、自ら講を開き石門心学を広げた。彼の梅岩への強い想いは、娘の名前につけていることからも理解されよう（玉置、2003、234頁）。

家訓に「先義後利《せんぎこうり》」を掲げたのも、三十郎だ。

先義後利とは、「商人としてまっとうな道を先にして自分の欲は後にする。うそをついたり、人をだましたりして金儲けをするような、人の道に外れたことをしていたら商売を続けていけない、がその教えです」と11代当主は語っている。

（2）東京「参前舎」の設立

京都の中沢道二《どうに》は、商業者として刻苦修行を重ねる中で心学に出会い、手島堵庵の弟子として、1781（天明元）年に江戸に心学を拓く「参前舎」を設立。武士階級に師の教えを伝播した功は堵庵の業績に匹敵するものがある。

同年には本多肥後守忠可《ひごのかみただよし》（播磨山崎藩主）が道二に入門、心学発展史上、画期的な快事といわれ、武士階級に心学を普及させた。寛政の改革時老中であった松平定信自ら心学を重用するなど、寛政の改革に参画した15名の大名中8名が心学を修業したといわれているほどだ（平田、2010、25頁）。

（3）大阪「心学明誠舎」の設立

大阪では、心学明誠舎は梅岩の弟子であった南船場心斎橋錺屋《かざりや》町 三木屋太兵衛が、1785（天明5）年に自邸内に明誠舎を創立した。1905（明治38）年文部省（現在の文部科学省）の社団法人第1号に認可され、現在は公益財団法人関西・大阪21世紀協会理事長の堀井良殷《よしたね》氏が心学明誠舎の理事長を務め、各種セミナーや都鄙問答研修会など積極的に開催している。

これまで述べた上記の心学組織の中でも最も活発に活動しているのは、大阪の「心学明誠舎」といっても過言ではない。

そこで、本章では、心学明誠舎に所属する学校法人エール学園の活動を少し掘り下げてみたい。同学園は、1967（昭和42）年に大阪市浪速区難波1号館にて難波経理学院を開校した。

その後、2006（平成18）年にエール予備校、エールネットワーク専門学校、テラ外語専門学校を統合させ、学校法人エール学園に名称を統一した。1983（昭和58）年にエール学園理事長に就任した長谷川惠一氏は、心学明誠舎副理事長でもあり「企業の不祥事が続いていることから、梅岩の商人哲学をきちんと見直そうとの考えが社会に広がっている」と話す。

同学園には国際コミュニケーション学科、国際ビジネス学科などに年間延べ約2000人が学び、中国、韓国はじめ約40ヵ国からの留学生がいるという。ミッション（使命）として「お互いに共に活かしあい、高めあって生きていけるような共生共創社会を創造できる人材を育成する」と掲げ、梅岩の教えである「先も立ち、我も立つ」をもとに、「他者支援」と「自己実現」をバリュー（価値基準）としている。

このように心学は後継者によって日本各地で拡大し、伝承されるが、それだけではない。当時の貝原益軒からその後の二宮尊徳らにまで影響を与えている（加藤周一責任編集『日本の名著18・富永仲基、石田梅岩』中央公論社、8頁）。

しかも二宮尊徳は後年渋沢栄一に影響を与えており、その意味では日本の思想史において、梅岩が果たした役割は計り知れないものがある。

謝辞

公益財団法人関西・大阪21世紀協会理事長・心学明誠舎理事長　堀井良殷氏には取材と資料提供を、エール学園理事長・心学明誠舎副理事長　長谷川惠一氏、京都「半兵衛麸」11代当主　玉置半兵衛氏には取材で貴重なお時間をいただきました。記して感謝申しあげます。

（水尾順一）

I

石田梅岩という人と、その教え、石門心学

【第1章】石田梅岩の生い立ちと石門心学
【第2章】石田梅岩の学問的基礎
【第3章】石田梅岩と賤商思想
【第4章】石田梅岩と近江商人
【第5章】石田梅岩と二宮尊徳
【第6章】石田梅岩の「商人の道」と稲盛和夫の「経営の心」
【第7章】石田梅岩とピーター・ドラッカー
～人と社会のあり方を示した偉大な思想家たち～

Ⅰ 石田梅岩という人と、その教え、石門心学

【第1章】 石田梅岩の生い立ちと石門心学

1．梅岩の前半生：幼・少・青年期

（1）梅岩の生まれた亀岡の風景

京都駅から園部行きのJR嵯峨野線に乗って30分くらい乗車すると亀岡駅に到着する。途中、二条、花園、太秦《うずまさ》といった京都らしい名前の駅に停車する。その後、森林が続き、トンネルに入る。このトンネルを抜けると、鉄橋の上が駅になっている保津峡駅に到着する。ここは、鉄橋そのものが駅のホームになっている日本でも珍しい駅である。鉄橋の下を流れるのは桂川。亀岡から京都までの桂川中流は、保津川とも呼ばれる。保津川の舟下りは亀岡から嵯峨まで16キロメートルにおよび、年間30万人が訪れる。最近は、ミシュラン・グリーンガイド・ジャポンの1つ星を獲得し、海外からの観光客も多い。

保津峡駅を出発し、しばらくすると森林から住宅街の景色に変わり、10分程度で亀岡駅に到

着する。

亀岡市は、現在、本書の主役・梅岩よりも「明智光秀のまち・亀岡」と発信している。明智光秀は、1577（天正5）年、丹波攻略の拠点とするために丹波亀山城を築城した。光秀は、この民衆に敬われ、領国を治め、今日の亀岡の基礎を築いた。そのかたわら、連歌や茶道をたしなむ教養人であった。毎年5月3日には、光秀の威徳をしのび、光秀の武者行列を再現するなど「亀岡光秀まつり」が開催されている。

(2) 幼・少年期の梅岩

この亀岡において、梅岩は、1685（貞享2）年9月15日（旧暦）、丹波国桑田郡東縣《とうげ》村（現：京都府亀岡市）に、百姓をなりわいとする石田権右衛門とたねの次男として生まれる。名は興長《おきなが》、通称は勘平という。その後、妹が誕生し、3人兄弟の真ん中で育つ。

梅岩という名前は、後に自らがつけた雅号であり、それが今日まで定着した。これは、聖徳太子によって開基した日本で最も古い仏教寺院の一つ梅岩寺や、亀岡が梅の花で有名なことに由来するといわれている。

石田家は、自宅から歩いて5、6分のところにある曹洞宗の春現寺《しゅんげんじ》の檀家であった。この禅寺の影響も少なくなく、厳しい父の下に育つ。

梅岩の生家と「先も立ち　我も立つ」の石碑

筆者撮影

少年期の梅岩については、栗拾いのエピソードが有名である。1694（元禄7）年、9歳の時、自宅の山に遊びに行き、帰りに隣家の山との境に落ちていた5、6個の栗を拾う。梅岩は、両親と兄妹とともに秋の味覚を一緒に楽しむ光景を目に浮かべ、喜び勇んで帰宅した。この時、父は、梅岩に対し、「これは、落ちていた場所からすると、うちの栗でないかもしれない。すぐに元の場所に戻せ」と命じた。家族で一緒に味わうどころではなく、梅岩は、泣きながらそれに従ったという。

梅岩は、後の自分の講釈にて、この出来事を何度も語っている。父の厳格な教えから正しいことの大切さを学び、「親の愛とは、かくあるべし」と付け加えている。

学校がなかった江戸時代、商家へ年季奉公に出すというのが当時の一般的な教育手段であった。村の多くの子供が奉公に出された。次男だった梅岩も例外でなく、10歳になり、口減らしのために京都へ奉公に出る。

梅岩が14歳の頃、奉公先から自宅に里帰りした。この際、両親は、着ている服が貧相であったことから奉公先の経営が思わしくない状況に気づく。そして、奉公を中止し、自宅に呼び戻す。再び、畑の作業や山仕事をしながら過ごすことになる。

少年期の梅岩は、気難しく、神経質で、思いやりに欠ける部分があり、同年代の友だちとあまり付き合いがよくはなかった。自ら理屈者であったと振り返る。この頃、友だち付き合いがうまくいかない自分を反省し、性格の改善を少しずつ試みていく。

梅岩は、19歳頃、胃痛を患った。これに対し、一日三食を二食に減らすことで回復する。これ以降20年間ほど、梅岩は、一日二食の習慣を続けていく。

(3) 学問を志す梅岩

少・青年期の梅岩が育った元禄時代(1688~1704年)は、大名をはじめとする武士の力が低下する一方、商品流通が活発になり、町人の力が強くなった。町人文化が生まれるとともに、米経済から貨幣経済へと移行し、商業資本が発展していく。そして、大坂(現在の大阪）をはじめとする商業都市が繁栄してきた。また、町人層の台頭によって町人文化、とりわけ上方文化の開花をみるにいたった。

1707（宝永4）年、22歳になった梅岩は、京都の呉服商・黒柳家に奉公することになった。この頃になると、梅岩は、少年時代からの理屈好きで求道的な性格を反映し、書物を読み、人間の本質、人倫、「人の人たる道」を探究するようになる。ここで、「勤勉」「正直」「倹約」などの重要性を悟り、これらを説き広めたいという志を抱く。自らがその手本となるべく、朝は誰よりも早く起床し、夜は皆が寝静まった後も、書物を読んで過ごした。主人に伴って出かける際にも書物を持参した。こうして仕事と学問の両立を実践した。

仕事と学問の両立で多忙な日々を送る梅岩は、ある時、ストレスでノイローゼになってしまった。これに対し、奉公先のすすめもあり、遊興にふけることで、一時借金を作るほどになったものの、体調不良を克服する。この後、身体の健康だけではなく、心の健康も大切なことを実感した。

学問に多くの時間を要する梅岩にとって、奉公先の主人の母親が良き理解者になる。心優しく、頭のよい彼女が話し相手になるなか、彼の理屈者で不器用な性格は少しずつ変えられていく。

2．梅岩の後半生：中・晩年期

(1) 小栗了雲《おぐりりょううん》との出会い

「人の人たる道」を追究する梅岩は、30歳頃、神道に加え、「易経」や「論語」「大学」など、儒教の経典を読むようになる。何人もの儒学者の講義も聴講した。しかしながら、儒教を十分に理解している梅岩にとって、これらの講義は満足できるものはなかった。

１７１９～１７２０（享保４～５）年、梅岩が34、35歳の頃、在家の仏教者である小栗了雲（以下、了雲）と出会った。この了雲は、梅岩より15歳ほど年長で、格式ある武家で育ち、高い教養を持っていた。儒教だけでなく、仏教などにも精通していた。彼は、心や性に関する梅岩の自説を容赦なく斬り捨てた。梅岩によれば、「卵で大石にあたるようなもの」と述懐するほど、学問的な力量の差を認識した人物であった。梅岩は、商人による独学の限界を悟り、自分に足りないものを知るために、了雲の教えを乞う。これにより、思想家への道を歩み始める。

了雲に師事していた梅岩39歳の頃、京都にしばしば遊びにきていた母・たねが病で倒れてしまう。これを耳にした梅岩は、すぐに実家に戻り、母親を看病する。この時、梅岩は、自宅の外で、空には鳥が飛び、川には魚が泳ぐという自然の光景を目にした。「性は是天地万物の親」という考えを実感する。幸い、母が病気から回復したこともあり、京都に戻る。そして、了雲と性に関する問答を行う。梅岩は、了雲からすべてを得心できたわけではなかったものの、性が何であるかを理解することに大きく近づいた感触を得る。

この感触もあり、梅岩は、42歳の時、学問に専念するため、約20年間を過ごした黒柳家の奉公を辞す。黒柳家では、仕事での実績から番頭となり、のれん分けをしてもらって商家で生計を立てることもできた。にもかかわらず、学問の道を選択する。そして、京都での借家暮らしを開始する。これ以降、以前よりも増して読書に没頭するなど、学問に専念する。

なお、梅岩は、奉公を辞した後も結婚せず、終生独身を通した。「人の人たる道」という大道を広めることに固執していた様子をうかがえる。

(2)「勤勉」「倹約」「正直」を説く講義

1729（享保14）年、梅岩44歳の時、了雲が59歳にて死去した。了雲と別れた梅岩は、自分の考えを他の人に教えることを決心する。そして、受講に際し、紹介が一切不要で、かつ性別も問わない無料の講座を自宅の一室で開く。これは、「大学」「中庸」「論語」「孟子」「孝経」「小学」「易経」「詩経」「太極図説」「近思録」「性理字義」「老子」「荘子」「和論語」「徒然草」

などの書物を書見台に置き、これらを読み聞かせ、解説するものであった。儒教から仏教、老荘思想、日本の古典まで、幅広い内容をカバーする。

梅岩は、孟子の「心を尽くして性を知り、性を知れば天を知る」という語をしばしば引用した。広く大衆に対して自ら習得した学問を説きながら、人倫、「人の人たる道」を体得することを目指していた。

講座は、毎朝と、隔日の夜、無料で開催した。無料といっても無名であったこともあり、開始当日から講義を聴きにくる人はいかなった。数日後に1名、2名と聴講者が現れ、徐々に増えていった。町民や農民が主な対象であり、忙しい時期には一人しか聴講者がいないこともあった。その聴講者が中止してもよいと話すと、「聴いてくださる方が一人でもあれば、私は満足です」と応え、講義を始めたという。

梅岩が教え始めた徳川吉宗の時代は、近世封建社会の大きな転換期にあたり、享保の改革を行い、倹約と増税による幕府の財政再建のさなかにあった。都市や農村では、豪商や豪農、貧農などに分かれ、階層格差が拡大していた。幕藩体制の矛盾が表面化する。このような背景の下、梅岩の教えは、「人の人たる道」を求め、同時に商業活動における営利追求を肯定した。これらは、勤勉と倹約を説き、正直をすすめたことから、当時の町人たちに受け入れやすかった。京都だけではなく、大坂や兵庫、奈良方面への出張講釈もあり、町人層に徐々に広まっていく。

(3) 晩年の梅岩

梅岩は、1737(元文2)年11月より、月3回(3日、13日、23日)、講釈とは別に、門弟を集めて実施したゼミナール的な研究会、月次の会を開催する。これには、嫁姑争い、家族間の財産相続など、人生、家族、経済問題など、身近なテーマがとりあげられた。

その後、長年の学問、研究の総決算として、弟子たちの協力も得て、梅岩は、1739(元文4)年、54歳で『都鄙問答』を刊行した。1744(延享元)年には、58歳で『倹約斉家《せいか》論《ろん》』を刊行した。

この年の9月24日、梅岩は、前夜に食したキノコと小芋が原因とみられる中毒により、59歳にて永眠した。

3. 梅岩の主張:勤勉、正直、倹約

(1)『都鄙問答』(1739(元文4)年)

「都鄙問答」とは、文字どおり、学問をしない田舎の人と、正しく学問を修めた都会の人の

図表1-1　都鄙問答の構成

巻の一
・都鄙問答の段
・孝の道を問うの段
・武士の道を問うの段
・商人の道を問うの段
・播州の人、学問のことを問うの段
巻の二
・鬼神を遠ざくということを問うの段
・禅僧、俗家の殺生をそしる（非難する）の段
・ある人、親へ仕えるのことを問うの段
・ある学者、商人の学問をそしるの段
巻の三
・性理問答の段
巻の四
・学者の行状、心得難きを問うの段
・浄土宗の僧、念仏を勧めるの段
・ある人　神詣を問うの段
・医の志を問うの段
・ある人、主人の行状の是非を問うの段
・ある人、天地開闢《かいびゃく》（世界の始まり）の説をそしるの段

出所：石田梅岩（1935）

質問と応答を意味する。幕藩体制下、新しい商品経済の担い手となり始めていた町人たちに、都会に出てきた田舎者の質問に対して、梅岩が答える問答形式にて説く。これは、神道、儒教、仏教などの思想について、自分自身の商人としての体験にもとづいて講義してきた内容を著したものである。

『都鄙問答』の概要は、以下のとおりとなっている（図表1－1）。

巻の一では、まず序論として、性は、人間だけではなく、鳥獣草木にいたるまで、生まれてくる時に天から授けられたものである。「性を知り性に率《したが》う」は、すべての原則である。「天命天理」を信じ、性を知ることを目指すことこそが学問である。「人の人たる道」を実践するために、人の本性を知る必要がある。書物や文字は、あくまで

補助でしかない。教養を高めようとする座学よりも、修行や実践を通じた経験に裏打ちされたものにこそ価値があると説いている。

次に、孝行において重要なのは、「忠信」であり、父母の心を乱さず、自分自身の名誉や利益を求めないことである。また、武士道においては、主君への忠心が第一である。主君の手足となる家臣は、「正直」に働くべきと述べる。

さらに、商人の仕事は、余分に持っている物と不足している物の交換から始まった。その中で、わずかな利益を重ね、財産を成すべきといっている。商人は、法を守り、「倹約」にいそしむことで、世の中の役に立ち、誇るべきものとなる。結果として「子孫繁栄の道」につながる。

巻の二は、一見すると対立する価値観となる儒教や神道、仏教などの教えについて述べている。これらは、互いに反目しあうものではなく、あくまで性を知る目標に向けて、誠の道を実践する助けとなり、皆で取り入れるべきと説く。

また、梅岩は、孝行とは親の心を乱さないことという自説を述べる。自らを律し、性格を正し、最終的に道徳に優れた行いをすべきと力説する。

さらに、商人の道は、私欲を抑え、家業に精を出すこと、「勤勉」に始まる。この道を知るため、商人にも学問が必要である。教育を受け、正しい利益を得るのは、武士の俸禄と同じで正当である。商人たちに要求されるのは、「正直を守る」ことである。そのため、商人が利益を得ることは必要であるものの、「二重に利益を取り、甘美な毒を食らって自死へと堕ちていくようなケースも多い」と、暴利をむさぼるのは経営でないと説く。不正をすれば、「天知る、地知る、我知る、人知る」のだから天罰を受ける。

梅岩は、士農工商のすべての階級に価値があり、どれが欠けても社会は維持存続できないと述べる。商人の社会的意義を強調し、職分上は平等である。そのうえで、正直かつ義にかなった行動をとる商人は、「先も立ち、我も立つ」ことを願っている。

巻の三は、「性理問答の段」である。他の巻と異なり、一つの段のみの構成となっている。梅岩の学問の中心となっている知性に終始した巻である。本書の心臓部ともいうべき位置づけである。梅岩は、性はなぜ善なのかを説く。性と理、善は一致する。実際の道徳を実践するのは心である。その心を性に近づけていくことで、父子、君臣、夫婦、長幼、朋友といった五倫は強固なものになっていく。それは、個々の本源が善であり、正しい学問はそれに利するものになる。「人の人たる道」は、性を知ることによって実行可能となる。

さらに、梅岩は、本当の知は実践を伴わなければならない「知行合一《ちこうごういつ》」を主張する。形あるものは、形がそのまま心であることを知るべきである。仕事に励むことは、心を性へと近づける修養となる。ここで、目標を達成できるのであれば、その手段にこだわる必要はない。あくまで目標となるのは性を知ることと主張している。

巻の四は、「学者の行状、心得難きを問う段」に始まり、計6段からなる。信仰や医学、借金にいたるまでの身近な問題についての問答である。いずれも観念的でなく、町人の生活に密着した実例をあげ、その対処法も平易に説いている。

まず、ただ文字に詳しく文字の解釈に長けているだけでは「文字芸者」に過ぎない。学問を通じて心を知り、発明にいたることが正しい姿勢である。性は心の本来の姿で、一切の罪がないはずである。儒教から性にいたることの重要性は理解できるし、性には罪がないので、念仏も必要にならない。したがって、仏教でしか解決できないことがあるのは納得できない。この際、宗教的な考えよりも、親の気持ちを優先すべきと忠告する。人の気持ちを想像し、自分のなすべきことを決めることが適切である。

次に、「ある人、主人の行状の是非を問うの段」では、士農工商の身分に価値の差はなく、その制度自体は形式的なもので問題にしない。ここでは、金銭の無駄づかいに加え、心のおごりも避けるべきと主張する。

最後の「ある人、天地開闢《かいびゃく》の説をそしるの段」では、性を知り、理の何たるかを体験できる段階になって、世界が初めて生まれた瞬間という「天地開闢」を解釈できると述べている。

（2）『倹約斉家論』（1744（延享元）年）

心学実践のキーワードである「倹約」が家をととの（斉）えることを主題とする。倹約が家を繁盛させる道を平易な文章で表現する。

梅岩によれば、「倹約とは、ただ衣服や器物に関し、贅沢を避けるだけではなく、心もつつしみ持つことが大切である」と説く。倹約は、勤勉や正直とならんで、人が心得ておかなければならない古くて新しい生活上の美徳である。これは、ケチをしてためるのではなく、自分の身分に応じて、財宝を適度に用いることである。私欲によって自分が行うことを曲げず、心を正しく保つための心得である。

梅岩による倹約の意味は、大きく4つに分けられる。

① 2つを1つに、3つを2つにすませる工夫をする。世間のために節約する。
② 人間一人ひとりが欲望を自制し、本来もっている「正直な心」を取り戻すことを実践する。
③ 「万事物の法にしたがうのみ」と、自然に存在するすべての物には、それぞれ特有の性質、能力、効用、価値などが備わっている。その物自体がもつ本質をしっかりと把握し、大事

にし、最大限に生かす。

④お金は、人を助ける役人であり、個人のものではなく、天の所有物である。第一義的には、公のものとなる。人が困っていたなら、その足りないところに融通し、お金を社会に役立てる。

梅岩は、既述のように、一日二食主義を実行するなど、経済的合理主義のうえに立つ倫理的禁欲、私的抑制主義を倹約のベースに置いた。その後、究極的な価値としての正直、儒教や仏教などの宗教的な意味を加味する。

さらに、「正直を守ることなり。正直を守らんと思はば、先ず名聞利欲を離るべし。然れども柔弱にてははなれがたく、名利のこころは発るべし」と述べている。「正直を守る」ことは、「人の人たる道」であり、すべての道徳の基礎と説く。

4. 石門心学の発展

(1) 手島堵庵ら門弟の活躍

商家出身の齋藤全門《ぜんもん》、富岡以直《もちなお》、手島堵庵（以下、堵庵）らは、梅岩の講義を聴いて共感し、彼の門弟となっていった（図表1－2）。既述の『都鄙問答』や『倹約斉家論』の編集、

図表1-2 石門心学の系譜

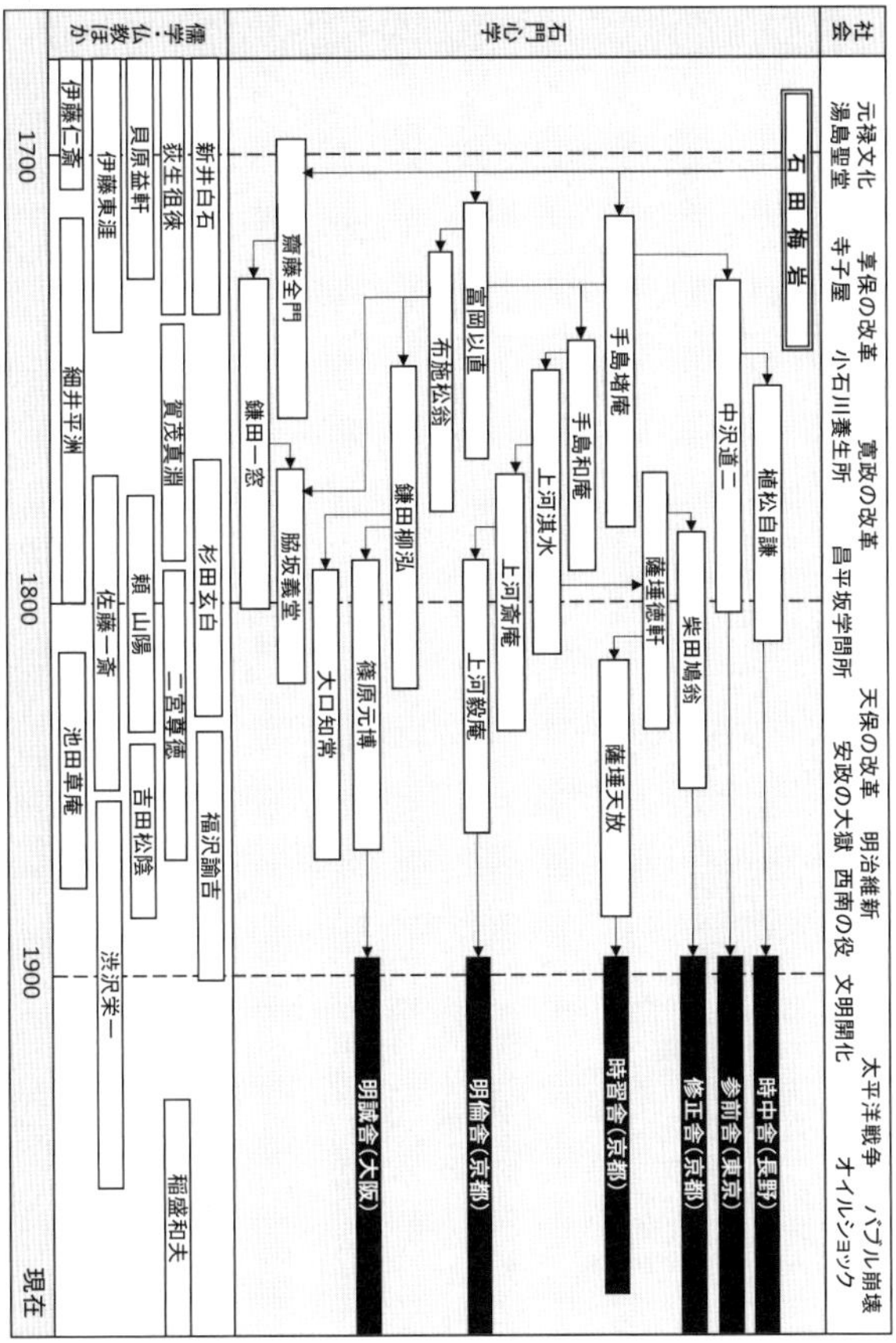

出所：筆者作成

刊行には、門弟らのサポートも大きかった。

梅岩の死後、齋藤全門などの門弟は、彼の遺志を継ぎ、講釈、輪講を継続する。月次の会も定期的に開催した。門弟らにより、彼の思想や実践を長い年月をかけてとりまとめた『石田先生事蹟』が完成し、1805（文化2）年に刊行された。

直弟の中で最年少であった堵庵は、齋藤全門らの兄弟子が相次いで死亡したこともあり、周りの要請に応じて、梅岩の教えや関連する学問を講じた。一般民衆への道話の講釈と心学者たちの修業の場となったのが、心学講舎と呼ばれる施設である。堵庵は、1765（明和2）年、京都にて、最初の心学講舎である五楽舎を設立する。1773（安永2）年に修正舎、1779（安永8）年に時習舎、1782（天明2）年に明倫舎をそれぞれ開設した。

哲学的であった梅岩の考え方は、ややもすれば当時の庶民にとって難しい内容も少なくなかった。これに対し、堵庵は、梅岩の説く性を「本心」と呼び、しかもそれを「私案なし」と言い換えてわかりやすく説いた。そのため、町人をはじめ武士や農民など、女性や子供まで社会各層に受け入れられた。江戸時代まで道徳的に卑しめられていた庶民に対し、武士と町人は対等の存在という主張、道の実践は共感を呼んだ。

堵庵は、『知心弁疑《ちしんべんぎ》』『座談随筆』『ねむりさまし』など、計20編ほどを著した。そして、一層多くの門人、信徒を獲得し、梅岩の門弟らは、京都を中心に社会的一大勢力に発展していた。この堵庵の大成により、梅岩の教えは、一時期「手島学」とも呼ばれた。堵庵門下の手島和庵《わあん》と上河淇水《うえかわきすい》は関西で、中沢道二は江戸を中心に布教活動に乗り出し、各地に心学講舎が設立された。とくに道二は、当初は町人に限定した学問と見なされていた心学について、人間の学問として、万人に共通する道として説き、武士への普及にも尽力した。

この頃、道二の道話を「心の学び」といったことから、梅岩の教えは「心学」と呼ばれる。しかし、陽明学も「心学」を使っており、これとの混同を避けるため「石門心学」と呼ぶようになった。

心学者たちは、自らの思想普及のために、身近な例をあげて、時には世俗的な文言や絵を刷りこんだポスターを活用し、平易軽妙な語り口で道理を説いた。京都などの都市部では、寺子屋が定着し、庶民にとって教育が身近になっていたことも心学者の講義の広まりを後押しした。

梅岩の江戸時代、思想的には、身分秩序を説く朱子学によって政治的権力が支えられていた。石門心学は、幕府批判をせず、身分を越えた視点から朱子学を扱ったこともあり、幕府から受け入れられた。また、徳川吉宗の時代、町人に道徳意識を与えることが急務とされ、石門心学がその任務にあたったことも、普及を後押しした。その思想の根本は、天地の心に帰することによって、私心をなくして無心となり、仁義を行うものである。この最も尊重するところは、正直の徳であった。

江戸時代後期には、布施松翁《しょうおう》、鎌田一窓《かまだいっそう》とその養子・鎌田柳泓《りゅうおう》、さらに柴田鳩翁《きゅうおう》らが心学者として活躍した。石門心学は近世思想界の一大潮流を形成していく。こうして石門心学は、庶民のみならず、やがて大名や上層武士にも浸透し、幕府の保護もあって全国的に広まった。心学講舎は、最盛期に全国で180ヵ所以上に達した。

(2) 江戸時代後期から現在

「勤勉」「正直」「倹約」を説く石門心学は、近江商人の三方よし、二宮尊徳の報徳思想などにも少なからぬ影響をおよぼしていく。

その後、江戸時代後期から明治時代になってだんだんと衰退してしまう。身分制度がなくなって、海外も含め、誰もが何でも自由に学ぶことができるようになったことが理由である。

他方、石門心学は、修正舎や時習舎などの活動によって、現在まで継続されている。これは、京セラ、第二電電(現在のKDDI)を創業した稲盛和夫など、現代の経営者にも影響を与えている。

1970年代からの環境問題への意識の高まりや、企業の不祥事が続くなか、CSRへの関心が高まっている。『都鄙問答』にある「二重に利益を取り、甘美な毒を食らって自死へと堕ちていくようなケースも多い」「『真の商人』は、先も立ち、我も立つ（相手もうまくいく、自分もうまくいく）ことを願う」などの思想は、日本的資本主義、ＣＳＲの原点ともいえる。今また、石門心学は、海外も含めて注目されつつある。

亀岡を流れる保津川の水は、江戸時代から現在まで変わることなく、京都の桂川、大阪の淀川を通り、中国、四国の瀬戸内海、そして、日本、世界の太平洋へと流れている。

（蟻生俊夫）

【第2章】 石田梅岩の学問的基礎

1. 梅岩の思想・学問の基礎をめぐる諸説

梅岩の思想と学問を、梅岩の死後に弟子の手島堵庵が「石門心学」と名づけた。別名「町人の哲学」とも呼ばれる。この梅岩の学問的基礎については、これまで多くの研究者が論説している。

梅岩の学問的基礎は、まず梅岩が若き頃から志し、日常の礼拝でも天照皇大神宮を第一位にしていたことから、「神道」に求めることができる。また、主著『都鄙問答』で思想の展開において最も言及されており、かつ梅岩が「儒者」を自認していることから、「儒教」が中心にあるとも主張できる。

あるいは、梅岩が「発明（仏教でいる「悟り」と同様のもの）」したプロセスが禅仏教のアプローチであったことから、「仏教」の影響も否定できない。はたまた梅岩は老荘思想にも言及しているのである。

また、梅岩の「神道、儒教、仏教のいずれであっても、悟る心は同じだ」という言説から、「神儒仏合一」説も可能である。あるいは、神道の歴史的発展過程における「神仏習合」や「神儒一致思想」などの流れから、「神儒仏習合」説も論じられている。さらに、神儒仏いずれにも全面的に依拠しない梅岩の独自性に鑑み、弁証法的アプローチからの「神儒仏止揚」説もある。

本章では、次節以降、梅岩の神道、儒教、仏教、老荘思想それぞれとのかかわりについて述べる。しかし、その前に、梅岩の思想・学問を理解するうえで重要な歴史的背景として、江戸時代に石門心学以前から存在していた「心学」とそれに類似する庶民のための教え・教訓に関して概観することとしよう。

2. 梅岩以前の「心学」と仮名草子

梅岩が活躍した江戸時代初期、心の究明を旨とすることから陽明学が「心学」と称されていたが、後に朱子学も「心学」と呼ばれることもあった。しかし、このような儒教の学派の別称としての「心学」とは別に、江戸時代初期にすでに「心学」という呼称は、民の教学のための書籍に用いられていた。

たとえば、『心学五輪書』は儒教的倫理観を基底にしつつ、仏教的観念や、さらに天照大御神の徳目である「正直」や「質素」などの神道的観念も取り入れた内容となっている。また『心学十戒之図』では、仏教的世界観・人生観で解説されるなか、儒教的な用語が用いられている。これらの書は儒仏いずれかが主となっているが、儒仏の観念を用いている点と「心」の問題を中心に据えている点で一致している。

また、当時の書籍分類では、これらの心学書は仏典や漢籍ではなく、和書類に分類されていた。和書類とは、小説や説話集または教訓物などであり、仮名草子と総称されていた。これらの書に共通していることは、知識階級が対象ではなく、一般庶民の啓蒙を目的に日常に有用な知識を提供するために、平易な仮名交じり文で書かれていることであった。

ここで注目すべきことは、心学とうたっている『心学五輪書』や『心学十戒之図』だけでなく、仮名草子にも梅岩の説く徳目と同様のものは教訓・処世訓として示されていたことである。たとえば、鈴木正三《しょうさん》（1579（天正7）年～1655（明暦元）年）の『万民徳用』では、仏法にもとづき、士農工商それぞれの職業倫理を説いている。用語や依拠する学説は異なるが、石門心学の教えと目指すところは同一であったといえる。

以上のことから、梅岩の教えは必ずしも新しく創出された思想や学問というわけではなく、日本の歴史に培われた伝統を引き継ぎ、生み出されたものといえるであろう。それでは、梅岩が築いた学問が、それまでの町人教訓書や庶民の処世訓と呼びうるものとは異なり、後世に石門心学として伝わり、現代でも評価されている、その学問的価値とはどのようなものなのであろうか。次節以降で、梅岩の学問の理論的背景と方法、そしてその実践について見てみよう。

3．梅岩の学問形成

(1) 神道

1)「人の人たる道」の探求

梅岩が京都の黒柳家に奉公に出てから、神道への信仰心が厚く、ゆくゆくは自らその「人の人たる道」の教えを広める志があることを周囲に伝えていたことはよく知られている。たとえば、黒柳家当主の老母は、本願寺の門徒で大変信仰心の厚い信徒であり、家族だけでなく店の丁稚にも御堂参りをさせていた。しかし、梅岩は、神道への信仰心から、参詣に加わらなかったばかりか、その老母に対して、神道の教えを説き、信仰を勧めていたというのである。

また、黒柳家の奉公を終え、市井の研究・教育家となったあとも、その日常において、毎日未明に起床し、手を洗い、家内を掃除し、袴羽織に着替え、また手を洗い、まず天照皇大神宮に祈りを捧げ、次に竈《かまど》の神様、故郷の氏神、そして大聖文宣王（孔子）、弥勒・釈迦仏に、その後先祖・父母等に祈りを捧げていたといわれている。

さらに、主著である『都鄙問答』の中で、日本は歴史的に神国として国を運営するために、儒教を補助手段として用いてきたことを述べている。別の個所では、儒教と仏教に加え、老荘思想など、あらゆる教えが日本国を治めるための一助となるべきであると説く。そしてその唯一のよりどころとして、天照大御神の御心にかなうことをあげているのである。

しかし、梅岩が神道をどのように学んだのか、まったくといっていいほど伝えられていない。神道にも複数の流派・学派がある。これまでの研究者も思想の内容的な面から、特定の流派・学派との類似性を指摘しているが、特定はできていない。また、小栗了雲以外に特定の師匠に師事したことは明言されていない。これは、儒教、仏教に関しても同様であるが、梅岩の学問探究の方法的特徴であり、現代でいう「独学」ということであろう。

これまでの研究でも、梅岩は神道の特定の流派・学派に帰依したというのではなく、梅岩が活躍した時代に一般に神道思想として流布していた文化的伝承や教えを信仰していたととらえているものが多い。当時は神道家による野外伝道という、今でいう街頭演説が頻繁に行われていた。梅岩は、自身の教えも日常の実践に主眼を置くように、日常生活の中で、「人の人たる道」を探究する契機と主要な概念を「神道」から学んだということであろう。

2）梅岩が学んだ「神道」とは

神道は、古代、稲の王としての天皇による新嘗祭などの神祇祭祀のことであった。中世になると、仏教の如来・菩薩や陰陽道や修験道の諸神も取り込みながら、神々の霊験への信仰、祈願、祭祀へと展開する。その後の梅岩が生きた時代としての近世では、それまでの仏教の密教や道教、陰陽道への信仰に加え、儒教の道徳倫理も取り込んでいく。

しかし、この神仏習合、神儒習合と呼びうる展開は神道側からの働きだけではなく、複数の主体による相互作用的な展開であった。そして、梅岩の時代では、すでに神道は仏教（密教）、道教、陰陽道、修験道、儒教など、日本で布教していたほとんどの宗教、思想、学問を包摂して、文化伝承・宗教として広く庶民の日常に普及していたといえる。

このように、神道は、仏教や儒教等他の宗教、思想と習合しながら、宗教として確立されていくが、梅岩以前の心学や仮名草子などでも説かれていた神道由来の徳目もある。神道の主要な概念（徳目）としては、「明浄正直（清明正直）」「まこと（真・誠）」「むすひ（産霊・産日）」「質素」などがある。

「明浄正直」は「明き浄き正しき直き心」を、「まこと」は「偽りのない誠実な心（まことの心）」を意味する。「むすひ」は「万物を生成発展させるはたらき（勤勉につながる）」を含意する。そして、「質素」は「機織りや農作業をする天照大御神に代表される神々の質素な生活様式」を表している。

梅岩は、先行する庶民の啓蒙家らと同様に、「人の人たる道」、そしてその探求のための日常的な徳目としての「勤勉」「正直」「倹約」等の石門心学における主要概念を、仏教や儒教などさまざまな宗教、思想を包含して発展してきた神道への信仰の過程で培ったということであろう。

しかし、それを根拠に神道のみを梅岩の思想、学問の基礎ととらえることは早計である。単にこの人生の教訓といえる教えだけでは、石門心学は当時の町人向け啓蒙書、教訓書となんら変わらなかったであろうとの指摘もある。次に儒教とのかかわりを見てみよう。

(2) 儒教

1) 学問の根本、学問の出発点

梅岩が黒柳家で奉公しながら「人の人たる道」を探究するなか、その学問的関心は儒教へと向いていったといわれる。それは、まず梅岩が京の街中の一角で講座を開いた際に用いたテキストからうかがい知ることができる。第1章で紹介しているように、それらは、「大学」「中庸」「論語」「孟子」「孝経」「小学」「易経」「詩経」「太極図説」「近思録」「性理字義」「老子」「荘子」「和論語」「徒然草」などである。

前項で神道の発展過程を概観したとおり、神道そのものが仏教と習合し、儒教とも同一化していった歴史がある。また梅岩自身が『都鄙問答』の中で「わが国では、昔から神国を動かす補助手段として儒教を用いてきたことを知るべきだ」と言明しているように、神道の徳目を理解するために儒教の経典を用いていたとも解釈できる。

しかし、梅岩は別の個所で、「本性を知ることは学問の根本なのである」、また「心を知ることが学問の出発点といっているのだ」と述べている。これらは、「心を尽くして人としての本性を知り、本性を知る時は天を知ることであり、天を知ることを学問の始めとする」という孟子の言葉から来ている。

梅岩は、主著である『都鄙問答』で、これらについて多くの紙幅を割いて論じている。そこから、「性」を知り、「心」を知ることは、梅岩の学問と道徳の前提条件であったといわれている。

それでは、この「心」と「性」とはどのようなものなのであろうか。

2）言葉では伝えられない

梅岩は、『都鄙問答』の中で、「『心を知る』とはどういうことなのか」と問われ、「心は、言葉で簡単に伝えられるようなものではない。『心は体（本体）だ』という者もいる」と答えている。梅岩自身がいうように、梅岩のいう「心」と「性」を簡潔に言葉で表現することは難しい。

梅岩は、朱子学の著作からの引用が多いが、ただ書物で学ぶ儒学者とは異なり、実践を重んじた。学問で得た知は行動に結びつかないといけないと考えた。梅岩のこうした思考は、知行合一を主唱する陽明学の教えと同質であるといわれる。

朱子学では、「性即理」であり、「心」と「理」、そして「心」と「性」は別物とされる。しかし、陽明学では、「心即理」として、「心」と「性」を同質のものととらえている。梅岩の議論では「心」と「性」は必ずしも同義ではない。しかし、弟子の手嶋堵庵は、それらを「本心」と表現したように同質の面もあると考えられる。

梅岩は、言葉で伝えることが難しい「心」について、「形による心」の説で説明する。これは、老荘思想の視点からの議論である。また、「性」を知る体験として、禅仏教のアプローチについて語っている。これらについて、次項から順に見ていくことで、梅岩の「『心』を知り、『性』を知る」ことに接近することとしよう。

（3）老荘思想・神儒習合

1）形による心

梅岩の「形による心」の説は、『荘子』の「夔《き》（一本足の動物）は蚿《げん》（ムカデのように多足の動物）を憐《うらや》み、蚿は蛇を憐む」に由来する。梅岩はそこから敷衍《ふえん》して、「夔に足が一本なのは夔の心がそうだからで、蚿に足が百本あるのは蚿の心がそうだからで、蛇に足がないのは蛇の心がそうだからで、その外あらゆる生き物もその形に心が現れているのだ」と述べる。

ここで、梅岩は、儒教の教えを理解するために老荘的視点を採用しているのである。

そして、梅岩は、『都鄙問答』で「そもそも、形があるものは、形そのままを心と見なすべきなのだ。（中略）蚊の幼虫である孑孑《ぼうふら》は水中では人を刺すことはないが、蚊に成長すれば、たちまち人を刺す。これも形に心が表れたのである」と述べる。「心」を知るの「心」はこのように、「形」によるものとされていたのである。

この「形による心」の説から、梅岩の「職分」論が展開する。

2）職分と商人の道

まず、梅岩は「万物に天が付与した道理は平等だが、その『形』（外観・能力など）には貴賤の別（上下関係）がある。つまり、貴い形のものが賤しい形のものを食べるのは、天の道理なのである。（中略）この道理がわかれば、聖人が事を行う時に、礼を判断基準として貴いか賤しいかを区分した理由もわかるはずだ。（中略）主君は貴く、家臣は賤しい」と論じる。

そして、「四民を統治するのは、主君の仕事である。その主君を助けるのが四民の仕事だ。士は、元来、『位の高い臣』として位置づけられる。農民は『草莽の臣』で、商人と職人は『市井の臣』だ。どの臣も主君を助けるのが道である。商人が品物を売買するは、世の中がうまく回っていくのを助けるためだ。（中略）農民に与えられている『作間』と呼ぶ農閑期は、武士の俸禄と同じだ。（中略）商人の売買は、天下御免のれっきとした禄である」と論じている。

このように梅岩は、「士農工商」という身分社会において、それぞれの「形による心」の現れである「職分」という概念とともに、士農工商の四民の平等を主張したとされる。これは、当時朱子学が官学として儒教的価値観により、商人の社会的地位を蔑んでいたことを考えると、画期的な論説である。そして、商人の職分における「道」を、「商人の道」と呼び、「勤勉」「正直」「倹約」に代表される商人道徳を説くのである。

3）日本人のアイデンティティ

梅岩の「形による心」の説は、彼の日本人のアイデンティティ論にまで展開したといえる。梅岩は、神儒仏に関して、すでに述べたように「神道、儒教、仏教のいずれであっても、悟る心は同じだ」と述べている。一方で、「儒教、仏教、老子、荘子など、あらゆる教えが国の一助となるやり方を考えるべきである。（中略）天照大神の命にかなうことだけを唯一のよりどころとして、その法を補うために儒法や仏法を用いるべきであろう」とも述べている。

ここで、「形による心」の現れとしての「日本人」ということを考えてみよう。

商人は商人という形で現れる。しかし、四民は平等である。同様に、日本人は日本人という形で現れる。その日本人は天照皇大神宮を第一位とする。儒教の国では、儒教の国の民として現れる。その民は大聖文宣王（孔子）を第一位とするであろう。梅岩にとっては、神道、儒教、仏教も心は同じである。優劣をつけるものではない。

つまり、四民が平等であるように、日本人も他国人も平等であるということであろう。しかし、職分に違いがあり、商人には商人の道があるように、日本人には日本人の道があるということであろう。

これまで梅岩は、神道を第一位に据えるかと思えば、神儒仏皆同じと唱え、論述における矛盾があると指摘されることもあった。しかし、以上のように解釈すると、矛盾点は論理的に収束することになる。

そして、梅岩の学問的基礎という視点からは、「『性』を知り、『心』を知る」の説のように、「人の人たる道」を実践するための理論的基盤は儒教であるとされることがある。しかし、その「『性』を知り、『心』を知る」の説を理論的に説明する概念は老荘思想にヒントがあり、神儒習合的な議論によって支えられているのである。これが梅岩は神儒仏を超克しているといわれる所以であろう。それでは、次に、梅岩の学問の仏教的側面を見てみよう。

(4) 仏教

1) 小栗了雲との出会い

前項で概観したように、梅岩は「人の人たる道」の探究の過程で、儒教を学び、「性」を知り、「心」を知ることを学問と道徳の前提条件として、職業実践では商人道を歩んでいた。そして梅岩は、34、35歳頃には人の「性」というものがわかったような気になっていたという。

しかし、向学心の強い梅岩は、儒学者の講義へと足繁く通った。すると、多くの儒学者の講義を聴けば聴くほど、かえって人の「性」というものがわからなくなっていったという。そして、人の「性」を果物の種の中の芽子にたとえて説明する老儒学者の講義を聴いて、梅岩は混乱の極みに達してしまった。

そこで梅岩は、師を求め、さらに多くの識者を訪ね歩いた。しかし、独学とはいえ、当時すでに大抵の講義に物足りなさを感じるほどの域に達していた梅岩を教え導けるほどの人物にはなかなか出会うことができなかった。

そして、ようやく出会うことができたのが、梅岩の生涯において唯一の師とされている小栗了雲である。梅岩がすぐに了雲にたどり着けなかったのは、了雲が隠遁の生活を行っていたことが一因であろうか。了雲は著作を残しておらず、彼の学問・思想がどのようなものであったかは明確にされていない。朱子学を修めたこと、禅に通じていたことが伝えられているのみである。

２）性は目なしにこそあれ

梅岩は、了雲に会うなり、人の「性」の問題、つまり「性」を知り、「心」を知ることについて問答を始めようとした。すると、了雲は梅岩の言葉から即座に梅岩の心の状態を理解し、「あなたは心をわかったつもりでいるが、まだまだわかってはいない」と言った。梅岩は迷いがあって了雲を訪ねたわけであり、その自分の心の状態を一瞬にして察知され、呆然としたという。

それからの梅岩は、それまで以上に「心」を尽くして日常の生活に精を出した。そして、第

1章で述べたように、梅岩は39歳の頃、母親の看病のために一旦実家に戻り、老母を看病している時に、霊感というような神秘的な体験をした。そして「自性は天地万物の親である」と「性」の本質を直感したという。

梅岩は老母の体調が回復すると、京に戻り、すぐに了雲のもとへ向かった。梅岩は、今度こそは「性」を知り、「心」を知ったと確信していた。ところが、梅岩の話を聞いた了雲は言った。「あなたが見たものは、盲人が象を見る（触る）たとえと同じで、部分を見ていて、全体を見ていない。あなたには『あなたの性が天地万物の親である』と見る『目』が残っている。性は目なしにこそあれ。今一度その目から離れてみなさい」と。

了雲のいう「心を知る」とは「知る心」と「知られる心」が一つとなることであり、「性」についても同様であるという。これは、西田哲学における主観と客観が分離する以前の「純粋経験」と同一のものであり、禅仏教における悟りの体験のことである。これを、石門心学では「発明」と呼んでいる。その後、梅岩は、この「目（我）なし」の発明を体験することになる。

ここで、梅岩の学問的基礎という視点から考えると、儒教に発する「『性』を知り、『心』を知る」の説の実践的方法論は、禅仏教のアプローチにより完成したということがいえる。梅岩は、梅岩の学問の出発点である「神道」のように、神道、儒教、仏教、老荘思想と柔軟にその学問の形成過程で取り込んでいるのである。これが梅岩の学問、思想の基礎をめぐる議論を複雑にしている所以であろう。

本章の最後に、学問の研究・探究的側面と対をなす教育的側面を概観して、梅岩の学問的基礎について、本書における見立てを述べる。

4. 梅岩の教育実践と学問的基礎

(1) 4つの教育方法

梅岩が実践した教育の方法は、大きく4つの方法に分けられる。1つ目は「講釈」、2つ目は「問答」、3つ目は「瞑想工夫」、そして4つ目は「実践」である。

講釈は、当時儒学者らによって行われていたものと形式が類似している。しかし、その内容は大きく異なっている。すでに述べたように、まずテキストに儒教の経典以外の書籍、とくに和書が含まれていた。また、当時商人を蔑む儒学者の講義と異なり、商家での奉公の実体験にもとづいた内容であった。当時寺子屋は世界でも稀にみるくらいに普及していた。寺子屋が今日でいう小学校なら、この講釈は夜間の中学校、高等学校のようなものであろうか。

問答は、講師による一方的な講義とは異なり、梅岩と高弟との議論である。当時こうした教育方法はめずらしかったようである。これは、今日でいう大学のゼミナールというイメージであろうか。この高弟らとの問答の結果できあがったのが『都鄙問答』である。これは梅岩の一冊目の主著である。事実、出版後、講釈のテキストとして用いられた。

瞑想工夫は、梅岩の思想、学問の実践的方法論の一つである。これは、「発明」にいたるための日常的実践で、講釈や問答だけでは習得できない体験である。つまり、各人の瞑想工夫によるしかないものである。しかし、これは、禅仏教における瞑想とは異なり、日常生活における実践の中で行われるものである。今日でいう大学院における自らの研究実践にたとえられるであろうか。

実践は、「人の人たる道」、そして「性」を知り、「心」を知るための出発点である。商人道で考えると、それは、日常の仕事、生活の中で、「勤勉」「正直」「倹約」を実践することである。これは、今日でいうと、それぞれの職業生活における職業倫理にもとづく職業活動の実践ということであろう。

梅岩の高弟らの日常的実践で得られた成果を契機にまとめられたものが、第二の主著である『倹約斉家論』である。ここでは、梅岩の思想、学問の原点である「正直を守ること」「倹約に努めること」が説かれている。

（２）日本的な学問

以上、梅岩の思想、学問の教育的実践の側面を概観した。ここからも、梅岩の学問的基礎について、神儒仏いずれかが根幹を占めているとは言いがたい。あえていうなら、神儒仏（老荘思想等も含む）が融合しながら学問が形成されていったということであろう。

そして、梅岩の「形による心」の説から考えると、梅岩の学問は、日本人による学問という形で現れたといえるであろう。

つまり、神道よりもさらに根源的に日本人を日本人ならしめる風土や言語に規定された思考、行動様式としての「日本的なもの」を発端として、神儒仏老荘など多様な思想、学問を包摂、吸収しながら「日本的な学問」として形成されたといえるのではないだろうか。

それは、日本的な概念と方法論を基底に構築された経済哲学であり、かつ実践と切り離すことのできない実践哲学でもある。梅岩の学問は、このような「日本的な学問」として、神道、儒教、仏教、老荘思想とも峻別して存立しうるところに、梅岩以前の心学や仮名草子などの単なる教訓書をはるかに凌駕する歴史的・学問的価値があるのではないだろうか。

（増田　靖）

【第3章】 石田梅岩と賤商思想

1. 江戸時代を貫く賤商思想

(1) 封建体制をむしばむ「害虫」

前章の学問的基礎から梅岩が到達した「商人の道」について、本章では、時代・社会的背景等の関連から、その意義を論じていく。

270年におよぶ江戸時代において、商人階級には一貫して厳しい目が向けられてきた。商品経済が発達して市場機能が発達するとともに、仲介役を果たす商人の役割は拡大し、社会への影響力を増した。日本各地から仕入れてきた商品を都市や農村に供給し、また農産物、工業製品、原材料などを流通させる重要な役割を果たすことで、商品経済を全国に浸透させた。しかし、経済の発達は農民からの年貢米をもとに武士階級が社会を支配するという封建制度を揺るがすようになる。「貴穀《きこく》賤商」「農本商末」など論者によって表現はさまざまだが、時代が進むにつれて商業への反発や蔑視は強まった。

以前は四民制度、すなわち「士農工商」の序列で最下位にあることを理由に、商人への蔑視を当然のようにとらえてきた面もある。しかし、士農工商あるいは「四民」という言葉は江戸時代にもあったものの、身分の上下ではなく社会の主な構成要素という意味で語られることが多かった。

すでに歴史教科書から表記が姿を消していることも確認しておきたい。「史料的にも従来の研究成果からも、近世諸身分を単純に『士農工商』とする表し方・とらえ方はないし、してきてはいなかった」（東京書籍ホームページ）からだ。支配階層である武士のもと、農村社会に属す百姓と都市住民である町人は並列に位置づけられ、商人のほとんどは町人に属すと考えられている。固定的な身分論から、商人が卑しめられることを当然の帰結と安易に決めつけてはならない。

それよりも封建制の根幹を揺さぶる存在となったことへの危機感が大きかったことが、多くの思想家や学者らの言説からうかがえる。

その代表格が著名な儒学者、荻生《おぎゅう》徂徠《そらい》であろう。梅岩より19歳ほど年長で、ほぼ同時代を生きた徂徠は、五代将軍綱吉の側用人柳沢吉保に見いだされ、後には八代将軍吉宗の信任を得て、その諮問にあずかった。江戸中期を代表する知性は、『政談』のなかで商人を吸血鬼のようにとらえている。

「武家の輩、米を貴ぶ心なく金を太切の物と思ひ、是よりして身上を皆商人に吸取られて、日々に困窮する事也」。すなわち、農民が丹精を込めて育て、武士階級に年貢として納めた米を掠め取ってしまう存在というのだ。

このため、「武家と百姓とは田地より外の渡世は無て、常住の者なれば、只武家と百姓の常住に宜き様にするを治の根本とすべし」として、あくまでも農業に生活の基盤を置く農民とそこからの年貢に依拠する武士層を支える政策を貫くように求める。商人については、「潰る、事をば、嘗《かつ》て構ふまじき也」という乱暴ともいえる結論に達する。揺らぎだした封建制度を立て直すことで、国家すなわち幕藩体制の安泰を願う徂徠の目には社会の安定を損なう存在と映ったようだ。商人は怠けて儲けようとしており、結果として物の値段が騰貴し、武士や農民の生活を困窮させているとの理屈である。需給関係でものの価格が決まることは、市場経済のもとでの当然の摂理であるはずだが、取引される商品には本来の価値に商人が自己の利益分を入れ込むという「妙術」さえ弄しているとする。

徂徠が没した10年後に生まれ、江戸後期に『海国兵談』など国際的な視点からの国防策を提起した林子平の商業観も激烈だ。「町人と申候者は、只諸士の禄を吸取候ばかりにて、外に益なき者に御座候。実に無用の穀つぶしにこれ有り候」（上書）。松前から長崎まで全国を行脚し、その広く深い識見から「寛政の三奇人」とされる人物とは思えない偏見ぶりである。

江戸中期から後期にかけて水戸藩で農政改革を進めた高野昌碩《しょうせき》もまた、「遊民と申は商人などの類にて耕さずして食ひ、……国家之為には実に浮蠹《ふと》と申者に御座候」（富強六略）と社会にたかり、食い荒らす害虫にたとえる。「奢侈は大抵商人より導き申候」と商人があおった贅沢な気風の影響で武家も農村も拝金主義にとらわれていると見た。

こうした賤商論は、すでに江戸初期から見られる。「近江聖人」とたたえられる中江藤樹のもとで学び、後に備前岡山藩主に仕えて治水や救民などに治績をあげた陽明学者、熊沢蕃山は、「商人国天下の財用の本末を心に取得て、国天下の利をあみし、……商は日々に天下の事に委しく、士は日々に万事にうとくなりぬ。……故に商日々に富て士日々に貧し」（集議和書巻十三）と慨嘆する。「あみ（網）する」とは一網打尽で利を独り占めするといったところだろう。数世紀を経た現代にまで名を残す江戸の知識人たちの激しい商業批判、商人蔑視は枚挙に暇がない。

（2）理想郷への回帰

過去に目を転じ、古代中国の遺訓をもとに農業こそが社会の基本であり、商業は末端であるとの結論を導く儒学者も少なくなかった。名君が統治する理想社会を築くうえでの大きな障害の一つが商業というのだ。封建社会の特徴の一つに祖法墨守《そほうぼくしゅ》や新儀停止《しんぎちょうじ》がある。事物を変えることを嫌い、祖先の定めたことは何事も変えない。従来のしきたりを重んじて、新しい試みについては躊躇して容易に採用しないのが常であった。

当時の学者の思想も、多くはこの鉄則を重んじ、維持することを目指した。名君のもとで人々が農耕に励み、固定された階級を受け入れて安穏な暮らしを過ごせる社会を求め、古代中国をその理想像とした。

その一人、医薬を学ぶ本草学者としても名高く、梅岩が29歳のときに没している貝原益軒《えきけん》は、「古の明王は農を重んじて工商を抑へ、五穀を貴んで、金玉を賤しみ給へり。倹約を行ひて華美を禁ずるは、本を重んじ、末を抑ふるの道にして、国を治め、民を安んずるの政なり」（君子訓）と言い切る。

さらに一歩進んで武士の土着を求める意見さえあがるようになる。都市が発達して商業や貨幣流通が浸透したことで、商人に資本が蓄積され、武家が困窮した。このことから、時代の歯車を逆転させて武士を農村に土着させる復古政策を提唱するわけだ。

たとえば、徂徠は家臣が城下に集まる現状を「旅宿」と見た。つまり、旅先で宿に泊まっているのと変わらず、箸一本まで買い調えなければならず、家禄の米を換金することになる。もし武士一族が自らの領地である農村にとどまって自足の生活を送るようになれば、物価の変動の影響も薄れ、支配階級の威信が復活すると考えた。吉宗の諮問に答えて著した『政談』では武士土着論による改革を提言している。

しかし、吉宗が進めた享保の改革は、新田開発の奨励や堂島米相場の公認など、経済の発達を前提に年貢の増徴や米価の安定を図るもので、徂徠の復古策は容れられなかった。商品経済の勢いは将軍の威信をもってしても押し返せるものではなかった。

一方では大名貸しで肥え太る豪商や、幕府や藩の要人に近づき米の買い占めで巨利を得る御用商人が跋扈するようになった。そうした存在は、知識人のみならず米相場や銭相場の乱高下で生活が困窮する庶民からも攻撃の対象となった。１７３３（享保18）年に江戸で起きた大規模な打ち壊しを契機に、飢饉や不作、米相場の高騰などのたびに騒乱が起こるようになる。天明年間（１７８１～８９年）の相次ぐ飢饉では、打ち壊しは江戸にとどまらず大坂、京都、広島、長崎など全国におよび、商人への反発はピークに達する。

こうした混乱は、人々が苦しむ現実を改めるには商業の抑制こそ望ましいとの考えを生む。江戸末期に農政、海防、天文など幅広い著作を残した佐藤信淵《のぶひろ》はそのひとりだ。武士までが市場経済に絡め取られたことで、「士人米を卑みて蓄積せず特に金のみを貴ぶが故に富商の鼻息を仰で憂喜をなすに至り、工商豊にして、士農困む」と見る。

もし金よりも米穀を大切にできれば、商人は「士農を仰で其業を励むに至れば、物価は自然に平準なるべし」という。需給の結果として生じる価格変動の責任を、その仲介者に求めた短絡的な主張だが、信淵の著作『物価余論箋書《せんしょ》』の冒頭には「貴穀賤金所以勧農固国也」の揮毫《きごう》が掲げられている。「穀物（米）を貴び、金を賤しむことにより、農業が推し進められ、国の礎が確固としたものになる」という信念だ。

（3）止まらぬ貨幣経済、市場の発達

ここで江戸時代の経済発達の流れを確認しておきたい。この時期を「大開拓時代」とみる経済史研究者、高島正憲によれば、新田開発ブームは16世紀末頃から始まり、19世紀半ばまで続き、そのまま明治維新につながる。とりわけ、江戸末期から明治初期にあたる１８４６年から７４年にかけては年率０・46％と低率ではあるが安定した成長軌道を描く。近世を通じての生産量は全体で約２・５倍の増加となったとして、その背景を「各藩の特産品の奨励政策、農村工業の発展による商品作物の生産の増加があったのではないか」（高島、２０１７）としている。こうした成長に商業が大きな役割を果たしたのは、いうまでもない。

江戸時代は「米遣い経済」と呼ばれるように、将軍家も大名家も収入源は年貢であり、そのほとんどは米であった。百姓が上納した米を換金して財政支出をまかなうため、農村の安定が何よりも重要であり、さらに新田開発による年貢増を期待することになる。

ところが、商業の発展や江戸、大坂など大都市の拡大は働き手を吸いあげる副作用をもたらす。さらに貨幣経済は農村にも浸透をはじめ、借金漬けに陥って田畑を失った農家が村を離れることで衰退が加速した地域も少なくない。

第5章で取りあげる二宮尊徳は、自らが再建に腐心した下野・桜町領の状況について、著書『古今盛衰平均土台帳』のなかで「人少く困窮致し、田畑手余り、荒地に罷成り」「（農家は）逃去り、又は死潰れ」とその窮状を記している。これは桜町領にとどまるものではない。

対照的に梅岩が育った畿内地方は、商都大坂を中心に全国からの米や生産品が集まった。一方の江戸も18世紀に入ると周辺地域では生糸産業など手工業が各地で勃興し、巨大経済圏が発達していった。「三ケ津《さんがつ》」と呼ばれた大坂や京都、江戸にとどまるものではない。全国の城下町にも規模こそ小さいものの経済圏が形成され、それを結びつけ、需給を調整する商業の役割はひときわ重くなっていた。武家にとって唯一の収入たる米の売買は、いよいよ商人の買い手市場となっていく。

当時の様子を井原西鶴は代表作『日本永代蔵』の中で「ひそかに思うに、世にあるほどの願い、何によらず銀徳にてかなわざる」ことがないありさまだと書き残している。幕藩体制が確立し、自力による運命の開拓は武家や百姓には望めなくなったが、「町人の世界だけには、なお出世の道が開かれていた」（竹中、１９７７）とされる。それもまた武家階級の危機意識をあおり、怒りを呼ぶこととなる。

2. 梅岩の挑戦

(1) 経済活動への理解

先にも述べたとおり、江戸初期から大坂を中心にして全国規模で商品流通のネットワークが形成されてきた。それが各地の特産品の開発を促進していく。貨幣経済が発達し、商取引が進めば、実際の現場では最小の費用で最大の効用を得ようとする経済的な価値観が当然ながら根づき、そこでは少数派ではあるが価格メカニズムの合理性への理解者も生まれる。

それは、早くも江戸初期に現れる。曹洞宗の僧侶で仮名草子作家であった鈴木正三は、それぞれの職分を説いたうえで「商人なくして、世界の自由なるべからず」(万民徳用)と語り、中期から後期にかけて活躍した海保青陵《かいほせいりょう》にいたっては、「米や金は天から降りでもするやうに覚へてへらりと喰ふてをり」と武家の安易な姿勢を批判し、「米を売るは商売なり。大国の大名より皆商売中の人なり」(善中談)と喝破している。

冷静に考えれば、商品経済、貨幣経済の進展は新田開拓や都市の開発で社会の規模が拡大したことに伴う必然の流れであり、幕府の政策の結果でしかない。さらに海外との交易は鎖国政策のためにほとんど認められず、市場は国内に限られていた。こうしたなかで、商人は、武士階級や農村経済に寄りかかって成長するほかなかった。

支配層、被支配層のいずれにも商業蔑視が根強かった江戸時代ではあるが、商人が徂徠や子平のいうような存在であり、利益を得ることが卑しい行為ということであり続けたのなら、明治維新で誕生した新政府が強引に推し進めた重商主義政策、すなわち「富国強兵」「殖産興業」は誰が担え、その行動理念の基礎はどうやって築けたのだろうか。賤商思想に真っ向から反論し、商業活動や利潤を評価する思想の礎を梅岩が築き、それが明治期に受け継がれたことを再確認したい。

(2)「売利」と「士の禄」

商人が勃興し、経済力では武家をしのぐ勢いを見せているといっても、封建社会のなかで絶対的な権限を武士階級が握っているのは厳然たる事実である。一方、勃興する商人の間には自らを賤しい存在と卑下することなく、実証的な合理性を踏まえて商業活動に意義を見いだそうとする知的な欲求も起こってくる。そうしたなかで、梅岩は武士と商人のアナロジーを巧みに使うことで商人の地位を引きあげる論法を編み出していく。

梅岩を取りあげる際に必ず引用されるのが、「商人の売買の儲けは、武士の俸禄と同じ」である。

武士が主君に仕え禄を受けるのと、商人が利益を取って商売に励むことを同列に置いたことで、社会に根を張った賤商思想に異議を唱えている。武士が禄を得ても、欲に駆られ道に外れた行為と批判されることなどないし、逆に禄を拒めば不忠とさえなってしまう。現に、賤商思想を広める儒学者が最も尊敬する孔子や孟子も主君から禄を受けることを評価している、というのだ。

そして「商人が品物を売買するのは、世の中がうまく回っていくのを助ける（原文：天下の相《たすけ》）ためだ」と商業活動の意義を高らかにうたった。これが否定されては、社会に有用な物品を作っても収入は得られず、必要とする人の手にも渡らない。万民が難儀するのは間違いない。社会を構成する人々、つまり士農工商はすべて天下が治まるために働いており、武士は位ある臣、農人は草莽の臣、そして商工民は市井の臣と位置づけられる。武士も町人も、身分こそ違えども、職分のうえでは対等であると宣言する。

利益の追求を欲心からの賤しい振る舞いと侮り、商人を「道を知らない者」とすることは、梅岩には許しがたいことだった。ともすれば世間の厳しい目にさらされる商人に、貫くべき道があることを理解させることが自らの使命であると考えた。

江戸時代初期の博多商人、島井宗室が遺言のなかで「世のかせぎ専すべき事、生中之役にて候」と説き、武士は領地からあがる年貢で生計をたてられるが、商人は儲けなくては生きていけないと書き残している。それは商人の本心であったろう。そうした現実を正面から肯定し、巧みな比喩も使って理論づけたのが梅岩だった。

（３）根底を貫く倫理観

当時の商取引には不正がつきもので、粗悪品をだまして売りつけたり、相手の足元を見て法外な値段を吹っかけたりする行為は当然のように行われていた。現代とは比べものにならない情報の落差のなか、大都市の問屋などが、地方の商人や生産者の無知に付け込んで買い叩き高く売りつけるなど、巧妙な弁舌で不正を働いてきた。

江戸前期の儒学者、山鹿素行《やまがそこう》は「奸曲の商賈利を逞しくすること多し」（民政）とし、商人同士の談合や買い占めなどの振る舞いを批判している。徂徠が批判した商人の「妙術」である。

商家の子弟らに守るべき教訓を諭した「子弟訓」からは、当時の商人に強く求められる道義の中身がうかがえる。

「人に物を約束するに、人其の約束をたがへなば、我が心よからんや、夫をおもひて約束を違へな」。契約を違えないことなど、当然すぎる教えである。ことさら取りあげたことからも、当時の商行為の実態がうかがえる。そうした振る舞いこそ社会の賤商論を勢いづかせるものであり、梅岩にとっては厳しく諫めないわけにはいかなかった。

「売り物の商品は大切に考え、決して粗末に扱わずに売り渡すことだ。そうすれば、買った人も……商品のよさが次第にわかってくると、金を惜しむ気持ちはいつの間にかなくなる」。

「町人に町人の道あることを知らしめてその反省と自覚を促そうとしたのであって、その点にこそかれの思想家としての歴史的意義が認められるべきではないか」（「解題」、石田、1935）と梅岩研究者の柴田実は評価している。

当時、よく使われたたとえに「商人と屏風は直ぐには立たぬ」というものがあった。商人も屏風と同じく真っ直ぐなだけでは用はなさない、つまり「商は詐なり」という皮肉だが、梅岩は独自の解釈で反論を試みている。屏風は少しでも歪んでいれば折りたためないし、置く場所が平らでなければ立たない。商人も同様で、自然の正直さが身につかなければ、競争相手と並び立つほどにはなれない。世間の解釈を「言い誤り」、「聞き誤り」と決めつける苦しい抗弁だが、商道徳よりも悪知恵や不誠実が勝るのを当然とする風潮が許せない思いは伝わってくる。

それは商人が自らの地位を高めるうえでも欠かせないことだった。隙あらば儲けようと手ぐすね引いているような商人を、武家に劣らない「天下の相」とは誰も評価してくれない。まずは所有関係や契約関係を守ることが欠かせない。「我物は我物、人の物は人の物。貸たる物はうけとり、借たる物は返し、毛すじほども私なく」と強調し、「ありべかゝり」つまり、ありのままの誠実さを求める。

もちろん、実際の商取引はきれいごとばかりでは済むまい。梅岩と同じ時代を生きた大商人、三井高房《たかふさ》は『町人考見録』のなかで「一日も仁義を離れては人にあらず。然りとて算用なしに慈悲を施す、愚か也」と記し、仁義と営利活動の両立の難しさを吐露している。30代まで商家勤めだった梅岩は、そうした現実の悩みを知り抜いたうえで、社会的な地位を高めるうえで欠かせない倫理的な行動を商人らに強く求めていた。

商取引においては、売り手、買い手の対等の関係を重んじた。賤商思想が根強くはびこり、主従関係で成り立つ幕藩体制にあっても、互いを信頼できる対等の取引が成り立たなければ市場経済は成立しないという理解が背景にある。

「真の商人は、相手もうまくいき、自分もうまくいくことを願うものだ」と盗っ人まがいの振る舞いを戒め、本物の商人像を追い求めるように訴えている。

(4) 体制への順応

では、封建体制のもとでの社会構造まで疑問視、あるいは否定した革命的な思想家とまでいえるのだろうか。その主張を丹念にたどると、身分社会については強く支持したばかりか、自らの主張の後ろ盾にしていたことがわかる。当時の制約のもとで、賤商論が大手をふるう風潮に対してぎりぎりの抵抗はしたものの、「米遣い経済」の矛盾をはらんだ封建制度を否定したとはいえない。幕末維新後にまで影響力を保った二宮尊徳と同じく、その生涯において支配階級に異議申し立てをすることはなく、急速に力をつけた市場経済と揺らぐ幕藩体制との折り合いをつけることに腐心した。

何よりも商業の発展は社会の安定を前提としている。商人に安定した取引が許されているのは天下太平のおかげであるとして幕藩体制を支持している。「農工商は一列に下々なり」とするのも、そのうえに武士が君臨することが前提で、「何ごとにつけても士を清廉潔白の鑑とし、自分の生き方の手本とすべき」と、商人らに武士の道徳を模範として身を正すことを求めた。

武士を重んじる主張の背景には商人の地位の不安定さがあった。天下を左右するような豪商であっても、ときには全財産を没収され所払いにあうことがあるからだ。1705（宝永2）年、大坂の豪商淀屋廣當《こうとう》（辰五郎）は、幕府により闕所《けっしょ》処分とされ、12万両、銀12万5000貫さらには家屋敷などが没収され、諸大名への巨額の貸し付けも取りはぐれる結果となった。「町人の分限を超え、贅沢な生活が目に余る」という理由からだった。

梅岩が20歳の頃に起きた大事件の教訓は、心に深く刻まれたことだろう。『都鄙問答』にも「天下のご政道は、贅沢や華美に走ることを固く禁じている」「贅沢三昧にふけって流罪、追放となった者は後を絶たない」「お上の命令に従うのは、民の常である」との記述が見られる。利益の肯定でもおのずと限度がある。「一銭たりとも軽視するようなことを口にしてはならない。そうした日々をこつこつと積み重ねて富を蓄えるのが、商人としての正しい道である」としている。マックス・ウェーバーが『プロテスタンティズムの倫理と資本主義の精神』で示した近代西欧の禁欲的プロテスタンティズムに通じる印象を与えるが、苅部直の「（ウェーバーのように）富の蓄積それ自体に道徳的な意義を認めたわけではなかった」（苅部、２０１７）との指摘は重い。

つまり、富をしっかりと蓄えることは奨励したが、あくまでも儒教が求めている「家業」の存続を支える枠内のことであるというのだ。求めたものは、一銭を軽んじることなく家業に励む姿勢だった。行き過ぎた蓄財の先に待っているのは淀屋の運命であるからだ。町人や百姓たちに、勤勉に職業に励むことを教える姿勢は弟子たちに受け継がれ、さらに強化されていく。

直弟子で石門心学の基礎を固めたとされる手島堵庵によれば、天下の御政道に背かぬのが心学の根幹とされる。この結果、幕府にとがめられることもなく最盛期には全国に１８０ヵ所以上の心学講舎が建てられるまでになる。竹中靖一は「為政者の治世の具に利用せられ、石門心学が御用学問となっていく契機」（竹中、１９７２）をここに見る。

3．蔑視への挑戦者の系譜

（1）経済合理性の視点

梅岩は、価格メカニズムについても、自らの体験を通して十分に理解していた。『都鄙問答』のなかで価格の変動で利益が動くことへの疑念から公定価格を定めることを求める問いに対して、丁寧に答えている。

「売値はその時々の相場で変わるので、銀１００匁で仕入れた商品が90匁でないと売れないこともある」、逆に「１２０、１３０匁にして売ることもある」として、相場が上がれば強気に、下がれば弱気になる現実を認める。そのうえで、相場の変動は天の采配によるもので商人の意思で動かせないと説明する。

需給関係から定まる利潤だが、商人は自らの努力や才覚で増やそうとする。それは正当な報酬であり、徂徠の言う「妙術」などではない。だからこそ、「商人の売買の儲けは、武士の俸禄と同じ」と断じることができる。

ただ、こうした市場メカニズムに政治が介入することへの評価は明確でない。あくまでも武士階級の支配あっての商人という立場からは、市場メカニズムを最優先するまでにはいたらないのは当然だろう。

これに対して、梅岩と入れ替わりに生まれた山片蟠桃《やまがたばんとう》は、米の価格形成に政治が介入することを無用とし、米価は市場での自由な価格形成にまかせるべきだとした。大坂の両替商升屋で頭角を現し、24歳の若さで番頭に抜擢された蟠桃は、取引先である仙台藩の財政を再建して大名貸しの回収に成功するなど商人としての手腕は抜群である。一方で大阪商人の学塾である懐徳堂で学び、唯物論の視点がうかがわれる著作「夢ノ代」は異彩を放っている。

商品相場の特性を知り抜いた蟠桃にとって、市場メカニズムへの信頼は絶大だった。賤商論の根拠の一つとなる凶作での米商人の買いあがり行為も「商賈は唯利にはしるのみ。これ常なり。米を買込たるものあれば国に食あり。買人なければ諸国へ買いとらるべし」利益を追い求める商人の振る舞いによってこそ需給が円滑になり、人々の生活の基盤が保たれるというのだ。抑制的な梅岩の利益擁護論と比べたとき、大坂商人が自力で開いた懐徳堂に集う人々の自信が伝わってくる。

同じ懐徳堂に学んだ町人学者、草間直方《なおかた》は、相場心理に踏み込む。豊作続きで米価が極端に落ち込めば、将来の反騰を見込んだ「買置の心」が広がる。結果として価格が反発する現象を、「人気《じんき》」の運動法則ととらえていた。

商人に慎ましさを求め、過度の利益追求を戒める梅岩に対して、同時期の大坂商人は、社会が豊かになる市場経済を強く支持した。米シカゴなど海外市場に先んじて精緻な先物取引を確立した堂島の米相場と日々向きあうことで、需給をもとにした取引で成り立つ商業活動、さらには富の蓄積を肯定する考え方が根づいていた。

(2) 重商主義の羅針盤

「米遣い経済」の建て直しが急がれ、享保の改革が断行される時期に、梅岩は商人階級の存在意義を高らかに宣言した。

1950年代『徳川時代の宗教』を著した米国の宗教社会学者、ロバート・ベラーの論考が内外で注目された。非西洋諸国で日本だけが近代化に成功した背景として、長い間、卑しめられてきた商業がもつ社会的な役割を正当に位置づけ、忠誠や無私の献身などに商人の価値を見いだした梅岩の主張が明治政府の重商政策に大きく影響したと指摘したからだ。

ベラーは、「経済活動から汚点をとりのぞくのに役立ち、その点非常に大切なのである。明治時代になってはじめて、この汚点は有効にとりのぞかれたが、そのときに用いられた論拠は、まさに梅岩のそれであった」(ベラー、1966)と述べている。

たしかに福沢諭吉は、1873(明治6)年に著した『帳合之法《ちょうあいのほう》』で、「物を売買製造するも商売なり、武家奉公も商売なり」としたうえで、「世の人皆、武士、役人の商売を貴く思ひ、物を売買し物を製作する商売を賤しく思ふは何故ぞ。畢竟商売を貴き学問と思はざりし心得違なり」（慶應義塾、１９５９）と憤っている。ベラーの指摘のとおりであり、「論語と算盤」の精神を掲げ、維新後の資本主義の確立を先導した渋沢栄一も同じ主張を展開している。

先にも見たように、17世紀までに大坂を中心とする商品流通の全国的なネットワークが形成され、各藩も巻き込んで商品の開発や生産が進んだ。商業を活用することで最小の費用で最大の効用を得ようとする合理的な価値観が広がり、幕末から明治へと日本社会は変わっていく。孤立のなかで梅岩が訴えた商業の意義は、多くの後継者によって深化、発展し、維新後に西洋から最先端の生産、流通システムを導入する際には、その定着を容易にしたといえる。

（荻野博司）

【第4章】 石田梅岩と近江商人

1．梅岩の出生地「京」と隣国「近江」

(1) 近江を制する者は天下を制す

前章で見たように、梅岩によって商人の価値が正当化された。本章では、この影響を受け、江戸時代から全国で活躍するようになった近江商人に焦点をあてる。

梅岩と近江商人との関係性をたどるうえで、一冊の本とめぐりあった。京都市出身の歴史学者、今谷明著『近江から日本史を読み直す』（講談社現代新書、2007）である。

今谷は、「近江（現在の滋賀県）は、古くから地政学上の要の位置にあり、近江史を書くことは日本通史を著すのと同義である」とし、近江が交通の要衝だけでなく、政治、経済、文化など、日本史の表舞台として重要な役割を担ってきたと述べている。

また、今谷は、交通機能として物資の輻輳《ふくそう》を可能にした日本最大の湖「琵琶湖」の存在が、進取の精神に富む近江人の気風を育んだとも指摘している。その琵琶湖は「琵琶湖の鮎と近江商人は外に出て育つ」とうたわれるほど、近江人の精神的支柱にもなっている。

琵琶湖の周辺には、織田信長が築いた安土城、浅井長政の小谷城、豊臣秀吉の長浜城、石田三成の佐和山城、明智光秀の坂本城（光秀は丹波亀山城主でもある）など、時代を駆け抜けた彼らの夢の跡がいたるところに点在する。

関ヶ原の戦いに勝利した徳川家康の天下普請によって彦根城が築城された。家康の家臣である井伊直政は、天下取りの重要な地である彦根を与えられ、彦根藩初代藩主となった。以来300年、幕府に仕え、井伊直弼等の大老を輩出するなど井伊家は長く繁栄した。400年前そのままの姿を今に多く残し、国宝彦根城は琵琶湖のほとりに優雅にたたずんでいる。

日本のほぼ真ん中に位置する近江には、その面積のおよそ6分の1を占める琵琶湖を中心に水と緑の豊かな自然が広がっている。中山道、東海道、北国街道などの主要な街道が縦横に走り、そこを行き来した近江商人による商いもさまざまな物資や情報をもたらし、文化が栄えてきたのである。

琵琶湖は、古来より、京、大坂への水源であると同時に重要な水運でもあり、南北の物資輸送として利用されてきた。日本海で取れた海産物や北国諸藩からの物資を、峠を越えて近江塩津港へ、湖上を大津の港まで運び、陸揚げして京、大坂へと届けた。

歴史教育では街道を中心に語られているが、「近江を制する者は天下を制す」と企てた多くの武将たちは、琵琶湖の水上権を手中に収めようとしたのである。

現代においても、近江の人々にとって琵琶湖は特別な存在であることを裏づける出来事があった。1970（昭和45）年頃、琵琶湖の水質対策としての粉石けんを推進する主婦中心の消費者運動がそれである。

この運動は、年々拡大し、1979（昭和54）年には琵琶湖の富栄養化の防止に関する条例（琵琶湖条例）が制定されたのである。条例前文には「悠久の歴史をつづりながら、さまざまな人間活動を支えてくれた琵琶湖を、今、われわれの世代によって汚すことは許されない」と、記されている。

（2）京近江と信仰

西に京の都、東に静かな琵琶湖の壮大な景色を望む比叡山延暦寺は、平安京の鬼門を守護するために創建された天台宗の総本山である。伝教大師最澄（766（神護景雲元）～822（弘仁13）年）は、近江国滋賀郡古市郷（現：滋賀県大津市）に生まれ、中国に渡って仏教を学び、帰国後、比叡山に延暦寺を創建して天台宗の開祖となった。

最澄は、真の指導者を育成しなければならないとして、比叡山に篭もって修行に専念する教

比叡山山頂付近から琵琶湖を望む

筆者撮影（2018 年 10 月）

育制度を確立し、延暦寺から多くの高僧を輩出した。

　浄土宗総本山知恩院の法然、浄土真宗総本山西本願寺、東本願寺の親鸞、禅では臨済宗の栄西、曹洞宗の道元、法華経信仰の日蓮など、歴史に名を残した高僧たちもここで基礎を築いたことなどから、日本仏教の母山と崇められている。山全体に道場が広がっており、１２００年の時がたった今でも、昼夜、修行が行われている。

　最澄は、人のために尽くすことの大切さを説き、厳しさを自らに課した。この「忘《もう》己《こ》利《り》他《た》」の精神は、今日も受け継がれ、１９９４（平成６）年にユネスコ世界文化遺産に登録されるまでにいたったのである。

京近江の強い信仰心は、延暦寺などの全国に知られた有力な寺社があり、ほとんどの村落で寺と神社が設けられ、現代にいたるまで仏事や祭事が受け継がれているという土地柄の影響もある。

近江商人の外村与左衛門家の家訓には「神社仏閣を尊敬いたすべきこと、常々仏法をよく聴聞し、忠孝を存じ、身を堅固に持つべし、朝夕内仏へ参詣怠るべからず」と説いている。この短い一文の中にさえ、神道、儒教、仏教の三教への信仰と先祖崇拝が盛り込まれている。

また、多くの近江商人を生み出した湖東地方は仏教、なかでも浄土真宗の信者が多いことで知られている。真宗の浄土思想は、極楽浄土できることへの報恩の業として、家業に精進することが説かれている。

伊藤忠商事と丸紅という2つの総合商社の基礎を築いた初代伊藤忠兵衛は、近江国犬上郡八目村（現：滋賀県犬上郡豊郷町）の出身である。忠兵衛は「商売は菩薩の業」として、信仰と家業を結びつけ、店で働く者に仏壇に向かって念仏を唱えさせた。暴利をむさぼることがなきよう謙虚さを促し、私欲を抑える規範とすることで、家業永続への祈りに結びつけたのである。

2. 梅岩に影響を与えた人物

(1) 心学の生みの親「近江聖人」中江藤樹

梅岩の「石門心学」に少なからず影響を与えたと考えられるのが、陽明学者の中江藤樹（1608（慶長13）～1648（慶安元）年）である。藤樹は、近江国高島郡小川村（現：滋賀県高島市）で生まれ、愛媛の大洲《おおず》藩士を脱藩したのち、郷里に一人残した母への孝養のために帰郷すると、生家で日本最初の私塾、藤樹書院を開いた。

藤樹の教えは「致良知《ちりょうち》」という言葉に代表される。良知というのは良心、人は誰でも天から与えられた美しい心を持っているが、私欲によって曇らせてしまうので、絶えず磨きつづけ、鏡のように輝かせておく努力が必要であり、その良知が明らかになれば、天と一体になって人生は安らかになると説いた。

良知にいたるためには、五事を正すことを具体的に示している。和やかな顔つきをし（一貌）、思いやりのある言葉で話しかけ（二言）、澄んだ優しい眼差しで（三視）、人の話に耳を傾けて聴き（四聴）、思いやりのある気持ちを表す（五思）ことである。「日々善をなせば、日々悪は去り、昼が長くなれば夜が短くなるように善をつとめるならば全ての悪は消え去る。

何より正直であることが大切である」という。

『翁問答』では、「心を正す心学をしっかりとおさめると、普通の人間が立派な聖人の境涯にいたるものであるゆえに、また『聖学』ともいうのである」と、記されている。

藤樹は生計のために酒を仕入れ、それを量り売りしていたが、塾が忙しくなったので、村人に自分で量り、自分で代金を計算して置いておくようにした。あとで、酒の量と代金が合わないことはなかった。江戸時代初期に、このような正直者が集う村があったのである。

藤樹は、41歳で没するまで14年間、心学を教え、庶民教化に専念した。弟子により地元の高島、近江、京に、その教えは広がり、近江商人にも影響を与えた。

江戸から明治に時代が変わる頃、奔流のように押し寄せる西欧文化の中で、日本人としての生き方を模索する書として、内村鑑三（１８６１（文久１）～１９３０（昭和５）年）が、英文で日本の文化、思想を西欧社会に対して紹介したのが『代表的日本人』である。

この書では、西郷隆盛、上杉鷹山《ようざん》、二宮尊徳、日蓮上人とともに、藤樹の「村の先生」としての生涯が描かれ、「近江聖人」としてたたえられたのである。

藤樹は、「谷の窪にも山あいにも、この国のいたるところに聖賢はいる。ただ、その人々は自分を現さないから、世に知られない。それが真の聖賢であって、世に名の鳴り渡った人々はとるに足りない」と、述べている（藤樹の名は意に反して世に鳴り渡った）。

名誉、利益、高慢、欲望などの私欲への執着から免れ、善を積む教えは、近江商人の家訓や店則に残る「陰徳善事《いんとくぜんじ》」にもつながるのである。

ちなみに、現在の高島屋百貨店は、創業者に縁がある近江国高島郡から名づけられた屋号である。「小さな村の教え」は現代の企業経営の礎ともいえよう。

（２）最古の倫理規定「船中規約」の角倉了以《すみのくらりょうい》・素庵《そあん》父子

筆者らは、２０１８（平成30）年5月、梅岩の生家を訪れた帰り、亀岡から嵐山までのトロッコ列車に乗り車窓からの風景を楽しんだ。鮮やかな新緑の木々とともに、保津川の急流下りの船が目に焼きついたことを覚えている。

梅岩の郷土の歴史を調べているうちに、この河川は、４００年前から運河として利用され明治に入って鉄道が開通するまでの間、交通の大動脈であったことを解した。そして、河川開削および通運には、郷土のために私財を投じた豪商の存在を知った時は、思わず、金脈を発見した如き喜びを感じた。

公益性と経済性を両立させた梅岩の故郷の先人は、梅岩の心学、商人道に大きな影響を与えたと考えるのが自然である。

角倉了以（１５５４（天文23）～１６１４（慶長19）年）、角倉素庵（１５７１（元亀２）

〜1632（寛永9）年）父子は、戦国時代から江戸時代初期にかけての京の豪商、角倉一族である（本姓は吉田）。もともとは近江国愛知郡吉田村（現：滋賀県犬上郡豊郷町）の出身とされ、室町時代中期に上洛し、医業で得た財を元に土倉、貿易商を営むようになる。

角倉一族は、梅岩の生地でもある亀岡、嵯峨野が本拠地である。その西側を流れる大堰《おおい》川（保津川）の急流と険しい山峡のため、京に運ぶ米穀や材木などの物資は、すべて人馬に頼っていた。

了以は、船底を扁平に作った高瀬用の船ならどのような川でも通すことができると悟り、1606（慶長11）年、開削工事を開始し約半年後に完成させた。後に、了以は幕府の許可を得て通船料（大堰川舟功賃米）を課すことにより、長年にわたって安定した収入源を獲得したのである。

さらに、1611（慶長16）年、人工水路の開削工事に着手した。森鷗外の小説でも有名な高瀬川である。高瀬川の水路は、二条から鴨川と並行して走って、伏見で宇治川に合流するまでの2里半（10キロメートル）におよぶ。一之船入から七之船入まで、物資の積みおろしを行う船入りが設けられ、1614（慶長19）年に完成した。

了以は、二条に役所を設け、通航管理とともに通行料も徴収した。水路沿岸には新たに集落が生まれ、人々の生活が活性化されたのである。

高瀬川に浮かぶ高瀬舟と一之船入（京都市）
筆者撮影（2018年9月）

　このような大事業を成功に導いた要因は、南方貿易での信義にもとづく大きな業績を収めた結果であった。１６０３（慶長８）年、家康は幕府開設と同時に朱印船貿易を再開させ、素庵を「日本国回易大使司」とした。素庵の師である日本儒教の開祖である藤原惺窩《せいか》の支援のもと、南方との貿易の先頭に立った素庵が著したのが「船中規約」である。

　これは船主である角倉一族の「倫理綱領」でもあり、直接貿易に従事する乗員、客商たちに求められた倫理としての世界最古の国際的行動規範であるともいわれている。「舟中規約」の第1条は、貿易の本義について次のように規定している。

「凡そ回易之事は、有無を通じて人と己を利する也。人を損じて己を益するに非ず。利を共にするは小なりと雖も還って大也。利を共にせざるは大なりと雖も還って小也。謂う所の利は義之嘉会也。故に曰く、貧賈は之を五とし、廉賈は之を三とすと。思う焉」

そもそも貿易事業は、お互いに融通しあうことによって、他人にも自分にも利益をもたらすものである。他人に損失を与えて、自分の利益を図るためのものではない。ともに利益を受けるならば、たとえその利はわずかであっても、得るものはかえって大きい。利益をともにしなければ、たとえ利が大きくとも、得るものはかえって小さい。ここでいう利益とは道義と一体のものである。それゆえに「貪欲な商人は五を求め、清廉な商人は三を求める」。このことをよく考えるべきである。

当時は、西欧列強が大航海時代として世界の海に繰り出し、アジア諸国を植民地化した時代であった。このような状況の中でも、日本の一豪商が世界的視野に立って「貿易の本義」を実践したことに対して、大きな驚きと深い感銘を受けた。これらの事業経営は、反社会的、反人間的行動を排除し、社会的、人間的行動を促進する価値観でもある。

現代の企業においても、競争・効率性に、社会・人間性を加えることにより、社会の中で生き、社会の中で受け入れられる持続可能な企業体を目指すことこそが、企業のあるべき姿である。そのことを了以、素庵父子が、４００年前に提言していたかのようである。

3．梅岩の教えと近江商人の家訓との類似性

(1)「倹約」と「始末して、きばる」

梅岩は、第1章の『倹約斉家論』で記述したように、「倹約」と「ケチ」を明確に区別している。つまり、「倹約」は私腹を肥やすための行いではない。梅岩によれば、倹約すれば「財」が世に「余る」ことになる。天下に流通する「余財」が増えれば、民も豊かになるだろうというのである。

梅岩は、『都鄙問答』において、倹約を財の流通ととらえて「万民ノ心ヲ安ンズル」と表現している。米のとぎ汁の使い道や障子紙の再利用など、倹約することの意味が「天下」との関連のもとに示されているのである。

一方、近江商人の家訓の中で、生活信条として掲げられているのが「始末して、きばる」である。始末は、現代でいうところの「もったいない」に近い。消費し尽くすことにより、モノを活かして使うことが始末であり、資源環境問題にも結びつく側面があったといえよう。そして、きばるは、日常会話の「お気張りやす」であり、元気で働けることに対してのお互いへの

祝意を示している。

近江商人は、きばって働く勤勉な人間は、必ず始末を尊ぶ倹約家でもあることを実践してきたのである。

（2）「正直」と「陰徳善事」

『倹約斉家論』において、「此正直行はるれば、世間一同に和合し、四海の中皆兄弟のごとし」と、梅岩はいう。梅岩が教える「正直」とは、生まれながら人間に備わっているが、「私欲」に心を奪われれば、「正直」とはいえないことから、「正直」とは「私欲」のなさを意味する。自己中心的に自己の利益を主張する者の共同体は、まとまりがなく、他者を思いやることもない。人間関係、社会の秩序を支えるのは、「正直」にほかならない。

成功した近江商人にとって、最も関心が高い事柄は、家業を先代から次代に引き継いでいくことであった。正当な利益を積みあげてきた家産を社会奉仕のために人知れず散財する「陰徳善事」は、ご先祖様や世間様に祈り、子孫に善人を得る運に恵まれるための一つの方法であったのである。

4．学問と実践

（1）「商人が人として生きる道」を求めた梅岩の教え

第1章などで記述したように、「先も立ち、我も立つ」と明解な言葉でＣＳＲの本質的な精神性を表現した梅岩の教えは、近江商人の「三方よし」の理念とならんで、「日本のＣＳＲの源流」として昨今、再評価され、注目を浴びている。

士農工商という江戸時代の身分制度においては、商人の身分は低いものであった。『世事見聞録』では「商人は程よき盗賊にて、泥棒、乞食の如き人情ならでは勝利は得難きものなり」と伝え、近江泥棒、伊勢乞食の例をあげている。私欲から利益をむさぼる商人と見なして、商人無用論や必要悪としての扱いを受けたのである。

庶民教化に大きな影響を与えた石門心学は、商人の利潤追求の正当性を真っ向から肯定した。『都鄙問答』では、「商人の売買の儲けは、武士の俸禄と同じ。儲けのないのは、武士が俸禄を受けずに出仕するようなものだ」と、商人の儲けの正当性を主張しつつ、当時の世評に挑戦するが如くであった。

梅岩は、京の商家に奉公しながら神道、儒教、仏教の三教を学び、独自の哲学を学問として体系づけたのみならず、実践を重んじ一般民衆や心学者たちの教育に注力したのである。

梅岩の石門心学は、自らの経歴や市井の生活から育まれる庶民感覚とともに、女性の聴講者も許す多様性も内包する教えである。これは、現代でいうところのダイバーシティインクルージョンにも通じる。太平の世であった江戸時代に石門心学が京から全国に広がったことが商人の社会的地位の向上につながったのである。なお、ダイバーシティについては、第11章で改めて詳述する。

(2) 近江商人は石門心学の実践者

江戸幕府300年にわたり多くの近江商人が活躍した。彼らは、石門心学などの影響を受けており、「家訓」や「店則」という形でその経営理念を実践してきたのである。

近江国蒲生郡日野町出身(現:滋賀県蒲生郡日野町)の二代目中井源左衛門光昌によって作成されたと伝えられる「中氏制要」という家訓には、正当な利益について、次のような所感が述べられている。

「人生は勤るにあり、勤ればすなわち乏しからずと、勤るは利の本なり、よく勤めておのずから得るは、真の利なり」。勤勉の結果として得た利益こそが真の利益であるという考え方が示されている。

近江商人にとって店をつぶすことは歴史を築いたご先祖様に申し訳ないという観念があり、正当な利益を重んじ、それを積み重ねた家産の維持、家業の存続と発展をはかることこそが近江商人の使命であった。このことは、現代の企業経営者が当面の利益よりも、ゴーイングコンサーンや環境・社会と寄り添うサステナビリティにプライオリティを置いてきたことに通じている。

近江商人は、近江国外の他国での商売を本務としていた。他国に開いた出店を発展させるためには、何の縁もない人々から信頼を得ることが必要である。そのため、売買の当事者だけの好都合な取引（売り手よし、買い手よし）だけではなく、取引に関係する周囲や地域の人々に配慮する経営（世間よし）を行ってきたのである。

近江商人は社会の一員としての意識をもたなければ家業の存続も発展もないことを、商行為という実践を通じて体得してきたのである。

石門心学の教えを実践してきた近江商人の三方よし（売り手よし、買い手よし、世間よし）という言葉は、現在、近江商人が到達した普遍的な経営理念をごく簡略に示すためのシンボル的標語として用いられている。いわば近江商人の商売そのものに由来する経営理念なのである。

その想いを受け継ぎ、三方よしの精神を企業経営や広く社会活動の中で浸透していくことを目的として設立した「NPO法人三方よし研究所」が彦根市にある。その使命は「地域への理念普及にとどまらず、広く全国に、世界に、近江商人の精神を伝えること」としている。「日本生え抜きのCSR」の認知に努める姿勢に共感が止まないのは至極当然なことである。

（3）現代に生きる学問と実践

CSRは、日本語では、一般的に「企業の社会的責任」といわれている。企業の社会的責任の意味は、企業による経済的価値の提供や社会貢献、頻発する不祥事の防止、法令順守、COI（conflict of interest）マネジメントといった、どちらかというと消極的な面を指しているのではなく、社会の変化に積極的に対応していくための企業戦略としての新しい視点に立つことが求められている。

このような新たな視点が芽生えた背景には、温暖化に代表される地球環境の異変、米国で起きた同時多発テロ、エンロンやワールドコムといった巨大会社の粉飾決算による倒産といった出来事があった。

日本においても、オウム真理教の無差別テロ事件、ライブドア・村上ファンド事件、最近では、東芝の不正会計（第8章で詳述）、神戸製鋼のデータ改ざん、日産自動車の検査データ不正や有価証券報告書の虚偽記載により、ものづくり日本の信頼が大きく揺らいでいる。企業のみならず、理化学研究所のＳＴＡＰ細胞事件、最近では中央省庁の障がい者雇用数水増し事件等、信じがたい産官学のショッキングな出来事が起こり続けているのである。

企業のグローバル化は、持続可能な発展を約束する一方、その企業活動に対する憎悪が生まれることや、社会との関係を希薄にした目先の利潤追求を盲目的に続けることに大きなリスクが潜んでいることを再認識しなければならない。

さらに今後の社会の変化は、一層のグローバル化による経済成長、ＡＩ（人工頭脳）、ＩｏＴの進展による人々の価値観の多様化などから、ステークホルダーは単に経済的価値を企業に求めるのではなく、社会的価値に重きを置くことが予想されるため、社会からの求めに応じきれない企業経営は、もはや成り立たないという認識である。

２０１７（平成29）年11月、日本経済団体連合会（経団連）は企業行動憲章を改定した。Society 5.0（狩猟社会、農耕社会、工業社会、情報社会に続く、人類社会発展の歴史における5番目の新しい社会）の実現を通じたＳＤＧｓ（Sustainable Development Goals、国連が２０１５年9月に提唱、採択した持続可能な開発目標）の達成に向けて行動することを宣言したのである（ＳＤＧｓについては、第8章および第9章にて詳述）。

このことは、すなわち、企業はその持続的発展のためにＣＳＲを経営戦略として企業の中核に置き、将来のリスクを回避しつつ、新しい市場を創出することも可能であるという考え方を表明したのである。

「神・儒・仏」の道を独学、開悟した梅岩の石門心学の教え、その石門心学の実践者である近江商人の三方よしの経営理念は、CSRと見事に合致している。京近江を舞台とした知行合一の「日本生え抜きのCSR」は、良き企業市民を目指す現代企業経営の羅針盤となることに疑いの余地はない。

企業経営を人徳ならぬ「社徳」としてあてはめると、「社会」との関係において摩擦を起こさず迷惑をかけず、それどころか積極的に役立ち、感謝されるような行動をとれる企業であること、また、「人間」との関係においては、人権を尊重し、人間らしさを追求し、人間性を重視するような行動を積極的にとることができる企業になることである。「『社徳』のある企業とは、まさに『社会』や『人間』という観点からみて好ましい行動のとれる企業を意味することになろう」と、水谷雅一（1998）はいう。

わが国を中心とする経営倫理の実現、つまり経営活動における倫理体質強化にとって、最も必要とされることは、産官学の協力体制確立である。水谷雅一は、日本経営倫理学会（JABES）、（一社）経営倫理実践研究センター（BERC）、NPO法人日本経営倫理士協会（ACBEE）を立ちあげ、三位一体の経営倫理組織を構築した。知（理論知）と行（実践知）を合一（一体化）することにより、日本の経営倫理の方向づけを行ったのである。

ＡＣＢＥＥは、経営倫理のスペシャリストとして、「知・行」の両面から働きかけることができる経営倫理士の養成機関でもある。経営倫理の理解と浸透および定着にあたっては、組織内における経営倫理士の存在が大きな影響力を持つであろう。

ＡＣＢＥＥの使命は「経営倫理の教育・実践普及を目指し、心豊かで持続可能な社会づくりに貢献する」としている。

「心」を修練し、その能力と主体性を重視することを、４００年前に唱えた梅岩の教えは、今も現代に生き、未来を見据えようとしているのである。

（村瀬次彦）

【第5章】 石田梅岩と二宮尊徳

1．江戸時代の二人の在野の賢人

これまで見てきた梅岩の教えについて、本章からは、CSR経営などの面で注目される二宮尊徳、稲盛和夫、ピーター・ドラッカーという3名の人物と対比する形式での理解を試みる。ここでは、二宮尊徳（以下、尊徳）をとりあげる。尊徳は、梅岩の生きた時代から100年ほどたった江戸時代後期の飢饉の時代、農民に対して道徳を説き、農業改革を実践した人物だ。

最初に、二人の人物像について概観しよう。

梅岩は、第1章で既述のように、京都府の山間の農村に生まれた。少年の頃は商家で丁稚奉公し、その後番頭を務めるなど働きながら独学した。その後、小栗了雲に師事して研鑽を積み、教室を開き無料で「人の人たる道」を説いた。梅岩は、18世紀前半に京都の町人の世界に生きた思想家である。

この時代の政治的権力は、地理的には江戸に集中され、身分的には官僚化した武士に独占され、思想的には朱子学によって支えられていた。梅岩は、地理的にも、身分的にも権力の中心から離れたところにいたことから、官製イデオロギーとしての朱子学に対して比較的自由な立場をとりえた。

梅岩は、第2章で見たように、儒教から出発して、仏教、神道の３つの体系を同じ水準において比較検討した。彼は、心の主観主義と世俗的実践主義を結びつけ、それを学問と考えた。この梅岩の態度は、貝原益軒（１６３０～１７１４（寛永７～正徳４）年）から尊徳（１７８７～１８５６（天明７～安政３）年）にいたるまで、江戸時代において影響をおよぼしていく（加藤、１９７２）。

梅岩は、59歳まで生き、多くの弟子を育てた偉大な教師でもあった。弟子たちは、「心学」の一派をなし、江戸時代を通して日本全国に影響をおよぼし、士農工商のあらゆる階層を教化した。梅岩の教えは、当時の町人や農民だけでなく、江戸在住の知識人にも浸透していった。

一方、尊徳は、梅岩没後、約半世紀（43年）後の１７８７（天明7）年7月23日、相模の国、栢山《かやま》村（現：小田原市栢山）に農民の長男として生まれた。14歳の時に父を、16歳の時に母を亡くし、両親が亡くなった後、弟二人と親戚に預けられるという大変な苦労をしている。

幼少期と青年期の二宮尊徳

小田原駅舎（写真左）と尊徳記念館（写真右）にて、筆者撮影

尊徳は、幕府が開国に踏み切った直後の1856（安政3）年、70歳まで生きた。

この時代、江戸では、浮世絵や狂歌、川柳などが隆盛をきわめ華やかな一面もあった。他方、農村においては、台風や集中豪雨、冷夏などの自然災害の影響で農民の生活は困窮をきわめた。また、幕府による貨幣改鋳で物価が高騰し、庶民の暮らしは厳しくなり、主要都市では「天明の打ち壊し」騒動が起きた。

このような時代背景のなか、農業改革により疲弊した農村を復興させ地元小田原藩の財政危機を救っただけでなく、関東の相馬藩、下館藩、烏山藩、茂木《もてぎ》藩などで、農村復興にあたり成果をあげた。この農村復興、改良改革の実践のなかから編み出したのが、後世まで引き継がれる「報徳思想」である。

このように、時代、場所、そして育った環境が大きく異なる二人である。ただし、彼らの教えには驚くほど共通点が多い。次節では、二人の教えから、現代にも通じる5つの共通点をあげる。

2．梅岩と尊徳の教えの共通点

(1) 既存の学問と自らの体験の融合

梅岩は、農民の次男として生まれ、学校がなかった江戸時代の習慣で、口減らしのため10歳で京都の商家へ奉公に出て、そこで仕事をこなしながら勉強した。14歳で奉公先の経営が行き詰まったため、実家に戻り畑仕事や山仕事に従事しながら勉強した。そして8年後の22歳の時、再び京都の呉服商、黒柳家へ奉公に出た。

少年期の梅岩は、前章までで既述のように、気難しく、神経質で思いやりに欠ける部分があり、自ら理屈者であったと振り返っている。これにより、梅岩は、自分を客観視できる人物であったともいえる。少年時代から持って生まれたこの理屈好きで救道的性格が、書物を読むことを好きにさせたのだ。

梅岩は、第2章で記述したように、神道、儒教、仏教の3つを勉強し、人間の本質や「人の人たる道」を探求し続けた。この学びを通して、「勤勉」「正直」「倹約」などの重要性を悟り、このことを広く民衆に教え広めたいという志が目覚めたのだ。朝は誰よりも早く起き、夜は皆が寝静まったあとも書物を読んで勉強したという。尊徳とまったく同じで勉強好きであった。

梅岩は、奉公先の主人に随伴して出かける際も書物を持参した。これは尊徳が薪を背中に背負って、「論語」などの書物を読みながら、小田原まで売りに行く姿を描いた金次郎の銅像の姿と重なる。

梅岩は42歳の時、黒柳家の奉公を辞し、京都の借家にて読書に没頭、学問に専念、59歳で亡くなるまで生涯独身を通し「人の人たる道」の庶民への教化に専念した。京都の借家の自宅の一室で儒学から仏教、老荘思想、日本の古典など、幅広い内容について読み聞かせと解説を行った。

そこでは、父母への感謝の気持ち、孝行心の大切さや、自分自身の名誉や利益を求めないこと、武士は主君への忠心が第一であり、家臣は正直に働くべしと説いた。

商人に対しては、「人たるものは、商品の売買を通してわずかな利益を積み重ねることによって財をなすべし。そして無駄づかいをやめ倹約して世の中の役にたつことが大切だ」と説いた。そして、商人のあるべき道として、商人の人たる道は私欲を抑えて家業に専念すること、この道を知るために商人にも学問が必要であること、商人の売買の儲けは武士の俸禄と同じことを、筋道を立てて説いたのだ。

梅岩の教えは、以下に示す尊徳の「至誠《しせい》」「勤労」「分度《ぶんど》」「推譲《すいじょう》」の理念や、浄財を集めるという意味で「積小為大《せきしょういだい》」の教えとも見てとれる。

「至誠」とは、まごころを尽くすこと。

「勤労」とは、物事をよく観察、認識し、どのように働けば成果がでるかという知恵を磨きながら働くこと。

「分度」とは、自分の置かれた環境や立場をよくわきまえて収入にあった生活をすること。

「推譲」とは、分度を守り、一生懸命に働いて得た収入と支出の差（残金、利益）の余剰を有効に使いなさいということ。

「積小為大」とは、小さなことも大切にして努力を続ければ、やがて大きな収穫や発展に結びつくという実践の大切さ、「継続は力なり」を説く。

また、梅岩は、座学だけでなく実践の重要性も説いている。尊徳の説く「一円融合」とは、一粒の種が水、温度、土、日光、養分などさまざまなものがひとつに溶けあって初めて花を咲かせ実を結ぶ。人間の社会も同じで、すべてのものは互いに働き合い、一体となって結果をもたらすという世界観である。

梅岩は、「性は人間だけのものではなく、鳥獣草木にいたるまで、生まれてくる時に天から授けられたものである。これはすべての原則であり、性を知ることを目指すことこそが学問である。人の人たる道を実践するために、人の本性を知る必要がある」と説く。

このように、梅岩と尊徳の教えは、既存の学問と自らの体験とを融合したところに特徴がある。

（2）師・理解者との出会い

梅岩は、第1章で説明したように、京都の呉服商、黒柳家に奉公に出た時、奉公先の主人の母親に出会っている。奉公しながら「人の人たる道」を探求していた梅岩には、神道、儒教、仏教について書物を読み勉学する時間が必要であった。

主人の母親は、奉公しながら勉学にいそしむ梅岩の日常に接し、梅岩を支援してやりたい思いを抱き、梅岩のよき話し相手、相談役として支援した。賢く、そして心優しい主人の母親に出会ったことが、梅岩の学問の基礎を築くにあたって大きな支えとなったといえる。

梅岩の人生に大きな影響を与えたもう一人の人物は、第2章などでも記述した、黒柳家奉公中に出会った、15歳ほど年長の小栗了雲である。了雲は、格式ある武家の生まれで、儒学だけでなく仏教にも精通しており高い教養人であった。

神道、儒教、仏教を学び、「人の人たる道」を究めようとしていた梅岩にとって、師と仰ぐ了雲との出会いは、庶民に道徳を説く思想家に梅岩を導いた。

梅岩は、42歳の時、約20年間黒柳家に奉公し、番頭にもなれたにもかかわらず奉公を辞し、学問の道を選択した。これは、了雲という師との出会いが大きい。

尊徳も良き理解者に恵まれた。それは、小田原藩第七代藩主で江戸幕府の老中まで務めた大久保忠真《ただざね》である。忠真は、農村復興についての尊徳の知識と実行力、そして、小田原藩の家老服部家の財政再建でめざましい実績をあげた尊徳に早くから注目していた。

ただし、尊徳を藩政改革に直に登用することは難しかった。このため、分家の知行地である桜町領（現在の栃木県）の立て直しを命じた。尊徳による桜町領での復興は苦労を重ねたが、期待に応える成果をあげた。

桜町領での実績が買われて、茂木藩、烏山藩、下館藩、相馬藩などの農村の復興活動を推進した。そして、１８４２（天保13）年、尊徳55歳の時、天保の改革を推し進めていた幕府老中水野忠邦に見いだされ、御家人として幕府に登用されるまでになった。この時尊徳は、家康が祭られている日光の神領89ヵ村の立て直しを託された。

二宮金次郎という本名に、「尊徳」という号を与えたのも忠真である。忠真は、金次郎に対して「汝のやり方は、論語にある以徳報徳（徳を以って、徳に報いる）だなあ」と述べたことから、それ以降の尊徳の思想や行動は「報徳」と称されるようになった。

このように、二人の教えの背景には、良き師・了雲、良き理解者・忠真との出会いがあった。

(3) 利他の精神

梅岩が残した有名な言葉に、第1章などで述べた「先も立ち、我も立つ」がある。この教えは、第4章でも述べた「売り手よし、買い手よし、世間よし」という近江商人の三方よしにも近く、日本型経営の原点にもなっている。「自分の利益を求める前に相手の利益を先に考えなさい」という教えであり「利他の精神」といえる。

梅岩44歳の時、「自分が学んだことを、ほかの人に教えよう」と決心して始めた講座は無料であった。男女の別も関係なく、紹介も一切不要であった。聴講者がたった一人の時も「聴いて下さる方が一人でもあれば、私は満足です」と言って講義を行った。

梅岩は、59歳で亡くなった。遺産などは一切なく、残されたものは、身の回りの生活用品のみであった。石門心学という「人の人たる道」を説き、梅岩を慕う優秀な門人を育てあげた。まさに、人材育成を成し遂げ、「利他の先進、ボランティアの鏡」といえる人物であった。

尊徳の利他の精神を示す事例は数多い。たとえば、小田原藩家老の服部家再建の折り、借金で困っていた女中よりお金を貸してほしいと頼まれた。この時、尊徳は米などを炊く時に使う薪の有効な使い方を教え、５本使っていた薪を３本で済むように教え、残った薪２本を尊徳が買いあげて借金の返済をさせている。相手の地位に関係なく利他の精神を発揮したのだ。

さらに、尊徳は、小田原藩家老服部家の財政を再建した際にも、利他の精神を発揮している。尊徳が再建を依頼された時は32歳だった。懸命な努力の末、５年で服部家の借財を返し、資産を整え、さらに３００両の剰余金を家老に差し出した。

家老の服部十郎兵衛は、そのうちの１００両を尊徳に報酬として差し出した。しかし、尊徳はこのお金を受け取らず、これは使用人たちの協力があったからできたことだと言って、使用人たちに分け与えている。現代でいえば、会社の重役が賞与金を謝絶して、それを労働者（一般社員）の賞与にすることを実施したのである。

このような実体験を踏まえ、尊徳は、「道徳経済一元」を説いている。「経済なき道徳は戯《たわ》言《ごと》、道徳なき経済は罪悪」とし、経済活動は社会の人々が生活するために必要な物の生産流通などの活動で、社会のための活動であり、自分の利益追求の活動ではないと説いている。

このように、二人は、心から利他の精神を説いている。

（4）体制の枠内での実践

梅岩と尊徳は、同じ江戸時代ではあるが時代背景は異なる。梅岩の時代は好景気の時代であり、尊徳の時代は天保の飢饉などがあり、庶民の多くが困窮をきわめていた時代である。

ただし、共通していえるのは、当時の政治権力は徳川幕府が握っており、「士農工商」という身分制度が基盤にあったことだ。梅岩が説いた「商人道」や「勤勉」「正直」「倹約」など「人の人たる道」も、尊徳が説いた「至誠」「勤労」「分度」「推譲」「積小為大」「一円融合」などの報徳思想も、徳川幕府の政策を批判するものではなく、体制の枠内での「教え」であり「実践」であった。

一方で、二人とも、権力者を忖度し、自分の利益とするようなことはなかった。むしろ、直接の上司や権力者への見方は厳しいものがあった。

梅岩は、特に主人のおごりを戒め、「おごりは衆悪の基」といって、主人のおごりの心が蔓延し、周囲に影響することを極度に恐れた。もしそんな傾向が出てきたら、主人といえども遠慮なく苦言を呈して改めさせよと、関係者に義務づけている。それでも万一、主人が反省もせず、家業の発展に妨げありと判断した場合には、従業員全員の合議によって、主人を隠居させ、わずかな「あてがい扶持」を渡すような生活をさせてもかまわないとまで言っている。

尊徳も、主人には厳しい。尊徳の良き理解者であり後ろ盾であった忠真が、生活に困窮する部下である藩士救済のために手を尽くし、「名君」「仁君」とたたえられた。にもかかわらず、尊徳は、恩人に対して、「藩主は武士のことだけに心を配り、農民など民を忘れている」と言っている。

尊徳は、藩主を幹にたとえるなら武士は枝であり、民は根にあたるのだから、民が納めた年貢の１割もしくは２割を推し譲って、これを民に恵み施すように求めた。国を支える農村を立て直すため、筋の通らないことについて、尊徳は、幕府に対しても藩に対しても自分の意見を主張している。「藩主や藩の重職をはじめ武士階級は、職責を自覚してほしい。そして、社会秩序の維持のため、生産者である農民を守れ」と主張している。

このように、梅岩も尊徳も、権力に対して一定程度の批判をしているものの、幕藩体制そのものを批判することはなかった。彼らは、その体制を前提としたうえで、体制内での改善、改革を唱えていたといえよう。

（５）教えを伝播する門人の存在

梅岩も尊徳も、その人柄を慕う門人に恵まれた。第１章などで既述のように、梅岩の思想を引き継ぎ、世に広めた者として、手島堵庵、中沢道二をあげることができる。堵庵は、心学の講釈の内容を、簡潔にわかりやすくまとめる能力に優れ、説教の仕方においても卓越した才能を持っていた。彼の講釈は大衆の中に入り、大衆とともに語るので人気が高かった。彼の尽力の結果、心学講舎が増加し、心学運動は急速に成長した。彼の功績は非常に大きい。

中沢道二の講釈も、平易さに面白さが加わり、おかしさも相まって、大衆を魅了した。彼の話しぶりが軽妙、円滑でわかりやすく、その話材も大衆が味わっていた生活体験、迷信、浄瑠璃、講談、宗教思想などのあらゆる分野から、自由、雑多にとりあげられ、話題が豊富で庶民の人気を博した。彼の心学普及に果たした役割も大きいものがあった。

尊徳の思想を引き継ぎ、世に広めた者として、富田高慶《こうけい》、齋藤高行《たかゆき》、福住正兄《まさえ》、岡田良一郎などをあげることができる。

その後の明治、大正、昭和の時代には、日本を代表する実業家にも大きな影響を与えた。その代表的な実業家として、日本資本主義の父と呼ばれる渋沢栄一、安田財閥の創業者の安田善次郎があげられる。

さらに、トヨタ自動車の基盤をつくった豊田佐吉、世界の真珠王といわれた御木本幸吉があげられる。石川島播磨重工業や東芝の再建に手腕を発揮し名経営者といわれ、政府の臨時行政調査会で財政再建、行政改革に辣腕をふるった土光敏夫などもあげることができよう。

平成の時代になると、京セラや現在のＫＤＤＩを創業し、日本航空の経営再建も務めた稲盛和夫も、梅岩と尊徳を師と仰いでいる。なお、梅岩と稲盛和夫については、第6章で詳しく述べていく。

3. 今に生きる梅岩と尊徳の教え

(1) 利他の精神

グローバル化とIT化の急速な進展の中で、忘れてはならない普遍的な教えがある。それが梅岩と尊徳の教えだ。

梅岩と尊徳が強調した、「利他の精神」について考えてみたい。

現代社会では、企業に限らず政界、官界、行政、スポーツ界、教育界などで、さまざまな不祥事が発生している。

たとえば、①隠ぺい、データ改ざん、オレオレ詐欺、②離婚・シングルマザーの増大、子供の貧困、③障がい者施設での殺傷事件、高齢者の孤独死、④いじめ、小中高校生の自殺、セクハラ、パワハラなど人権侵害、⑤人間関係のトラブルや悩みなどに起因するうつ病など精神疾患の増大、長時間労働による過労死など、である。

この背景にあるのが、「利他の精神」の欠如だ。「人の人たる道」を真剣に探求してこなかった戦後73年のつけは大きい。倫理観が欠如しているといえる。

人間の愚劣さ、悪の根深さ、人間の性《さが》の問題は、いつの時代、いつの世にもある。小説やドラマ、演劇などのテーマになっていることも事実。生身の人間、感情の動物、その感情もデリケートである。

これらの問題を克服するために、「利他の精神」、倫理観、「人の人たる道」の教育が企業人だけでなく全世代にわたって必要である。「三つ子の魂百まで」といわれるように、幼児期、初等中等教育、高等教育の成長期に必要であるし、社会人になってからも企業などによる倫理教育は不可欠である。

倫理観のある新しい世の中をつくるには、まず家庭からである。問題は「人の人たる道」を教える教師の育成にある。どのようにして育成していくかが重要課題である。「企業に倫理を」「職場に心を」「家庭に愛を」である。

（2）「人の人たる道」を探求する

梅岩が説いた「勤勉」「正直」「倹約」や、尊徳が説いた「至誠」「勤労」「分度」「推譲」の教えは、「人の人たる道」の徳目として、現代においても生きている。この教えが子供から大人まで国民全体に浸透すれば、頻発している各界での不正や不祥事は激減することは間違いないと、筆者は考える。

２０１８（平成30）年度より、戦後初めて道徳が「教科」になった。２０１９年度から、中学校でも道徳が「教科」になっている。これは、文部科学省が「道徳を考え、議論する」という方針を打ち出したことによる。従来の「道徳の時間」と異なるのは、検定教科書を用い、児童生徒を評価する点である。

歩きスマホならぬ、歩き読書で知られる尊徳は、戦前の「修身」の国定教科書に頻出し、新たな「道徳」の検定教科書にも多く登場している。小学校の教科書では、８社中４社が金次郎（尊徳）をとりあげ、２社は幼少から読書を重ねた旨を記している。

「人の人たる道」という道徳教育については、その本質において、価値観の押しつけにならないこと、ひとつの価値観に導かないこと、小学生、中学生に算数や国語のように道徳を考える力の成長として数字で評価することの是非、宗教教育がない日本で、どのように道徳を教育するのか、などの課題がある。

しかし、自ら考えを深める人を育てる教育として、また生き方の異なる人間同士がいかに共生していくか。これらについて考える力を育てることが道徳教育である。

（3）持続可能な社会へ

急激に進みつつある超高齢化社会に加え、気候変動や資源枯渇など、大きな課題を迎えている現代社会にあって、働くことの目的はひとつではなく、人によって多種多様である。人は、仕事を通じて人の役に立ち社会とつながっている。一人ひとりが、自分の仕事が社会の役に立っていることを自覚し．それを社会が認めていく。この循環が、健全で明るい持続可能な社会をつくっていく。

グローバル化、ＩＴ化、ＩｏＴ・ロボット化に向かう現代と、梅岩、尊徳らが生きた時代では、その背景や様相はまったく異なる。この中で、サステナブルな社会の実現を目指す私たちにとって、最も大切なことは「一人ひとりの倫理観の確立」にある。

（4）自分の人生は自分で切り開く～若者へのメッセージ

現代の社会の構造は複雑さを増している。20世紀と21世紀では価値観も大きな変化をみせている。今から約３００年前に商人道を説いた梅岩、そして約２００年前に農村を復興させ農民の身から幕臣まで上り詰めた尊徳。歴史の歩みとは、復古と進取の間を行きつ戻りつしながら、螺旋を描くように進むものなのかもしれない。

「温故知新」という言葉もある。丸山（２０１８）によれば、「時あたかも日本も世界も大変動の真っただ中にある。まもなく新たな元号を迎える日本人は、それぞれに一度は先人の歩みの一端にでも思いを馳せ、現代のようなすばらしい時代に生まれてきたことに喜び、覚悟を固めて前進していきたい」という。いかなる時代になっても変わらない普遍的な考え（理念）がある。梅岩や尊徳は、人間として生まれてきた以上は「世のため人のため」に働くことであると説いている。

梅岩や尊徳の生き様を知れば、日々いろいろなことが起きるが、「辛抱強く、忍耐強い経験」を積んでいけば、自分のまわりで起きる不都合な出来事も「とるに足らないこと」と思えるようになる。過去を悔やまず、未来にひるまず、順境におごらず、逆境にくじけず。志のあるところに道は開ける。

梅岩や尊徳のように、「自分の人生は自分で切り開く」という強い信念をもって取り組んでいきたい。若者は先人に学び、中高年は今ある世界を学ぼう。自分のため、家族のため、社会のために。

（平塚　直）

【第6章】 石田梅岩の「商人の道」と稲盛和夫の「経営の心」

1．稲盛和夫の経営の足跡

(1) 稲盛和夫の生い立ち

稲盛和夫（以下、稲盛）は、自らの人生哲学、経営哲学を世に広く伝える経営者の一人であり、梅岩の思想・哲学との接点を語る著作や講話があることでも知られている。本章では、はじめに稲盛の生い立ちと起業家、経営者としての足跡をたどる。次に、梅岩と稲盛の思想、哲学を比較検討し、現代の資本主義社会に提起された課題を探ることにしたい。

2002（平成14）年刊行の『ガキの自叙伝』によると、稲盛は、1932（昭和7）年、鹿児島県鹿児島市薬師町（現在の城西）に7人の兄弟姉妹の次男として生まれ育った。少年のころ、正義感の強いガキ大将であったと述べている。12歳の時、鹿児島第一中学の受験に失敗し、国民学校高等科に入学した。同じころ叔父、叔母は結核で亡くなっており、もう一人の叔父も結核で療養中であった。

翌年、稲盛も、肺浸潤に罹患してしまった。療養中に、隣家の奥さんが「生長の家」の主宰者である谷口雅春の『生命の実相』を貸してくれた。死を意識したこともあり、この本をむさぼるように読み、感銘を受けたという。

谷口は、仏教に大きく影響をうけている思想家であり、「心に描いたとおりに結果があらわれる」という考えを説いていた。稲盛は、「不幸も結核もすべて心の反映」であるから、子供心に、善き想念を描こうと努力した。そして、善き想念とは、「世のため、人のため」が最高のものと思い至った。それは現在まで続いているという。

この経験が契機になっているのであろうか。稲盛は、仏教に帰依し、１９９７（平成９）年に得度（臨済宗）した。

（２）京都セラミック（現在の京セラ）の創業──経営者としての責任

稲盛は、肺浸潤の病状回復後、私立鹿児島中学、その後、鹿児島市立高等学校に進学し、１９５１（昭和26）年、鹿児島大学工学部応用化学科に入学した。大学卒業時、不況で就職難のため、有機化学専攻にもかかわらず、碍子《がいし》製造会社の松風工業に入社した。ここでは、ニューセラミックスの研究に没頭し、新素材フォルステライトの日本初の合成に成功した。

京セラ創業記念写真、1959（昭和 34）年 4 月 1 日、最後列中央（矢印）が稲盛和夫

出所：京セラ（株）稲盛ライブラリー

この2年後、稲盛は、新しい上司の技術部長と技術開発の方針で対立し、松風工業を退社した。そして、「自分の技術を世に問いたい」という思いもあり、元上司の青山政次とその友人らの支援により、1959（昭和34）年、27歳の時、7名の仲間とともに京都セラミックを創業した。社員は総勢28名であり、稲盛は取締役技術部長であった。

ところが、創業から2年後の1961（昭和36）年、高卒社員が会社に反旗を翻した。彼らは、「定期昇給やボーナスなど将来を保障してほしい」と団体交渉を求めた。あとから聞けば、その時、彼らは血判までして団体交渉にのぞんでいたという。「こんな小さな、事業が始まったばかりの会社が将来の保証などできない」。しかし、「自分を信じてほしい」と稲盛は必死に説得した。稲盛は、この時、社員は自身の人生と家族を会社に託していることを悟ったという。

稲盛は、自分の技術を世に問いたいという思いで創業したが、経営者が担う責任の重さを初めて自覚した。この団体交渉を機に、経営理念を策定することにした。経営理念は、「全従業員の物心両面の幸福を追求する」としたが、これだけでは人生をかけるには寂しいと感じ、後に「人類、社会の進歩発展に貢献すること」を加えた。

１９６６（昭和41）年、稲盛は34歳で京都セラミックの社長に就任した。社業は発展し、１９８２（昭和57）年、前年に買収した通信機器メーカーのサイバネット工業など4社を合併し、京セラと名称を変更する。その後、会長を経て、現在、名誉会長である。

京セラは、売上高1兆５７００億円、営業利益９５６億円（２０１８年3月期）にまで発展している。

（3）第二電電（現在のＫＤＤＩ）の創業――動機善なるや、私心なかりしか

１９８２（昭和57）年、土光臨調と呼ばれる第二次臨時行政調査会で、国鉄、専売公社とともに、電電公社の分割民営化が答申された。北米で事業を行っていた稲盛は、国際的にみて日本の通信料は非常に高いと感じており、これは日本の電気通信事業の独占体制に風穴を開ける百年に一度のチャンスになると思った。

当時の電電公社は、年間売上高4兆円、社員33万人、日本全国に通信インフラを備えていた。一方、京セラは急成長していたが、売上3200億円、社員1万1000人という中堅企業に過ぎない。稲盛は、民間や電電公社の若手有志にひそかに呼びかけ、毎週末に勉強会を重ねた。この間、「国民のために、長距離電話料金を安くしていくという事業は、京セラのようなチャレンジ精神の旺盛な企業がふさわしい」と思うようになった。「動機善なるや、私心なかりしか」と自問自答し、私心はないことを確信した。そして、1984（昭和59）年、第二電電企画（株）（翌年に第二電電（株）と社名変更）を設立し、会長となった。

その後、国鉄系の日本テレコム、日本道路公団・トヨタ系の日本高速通信の2社が名乗りをあげ、新電電は3社競合でスタートした。旧国鉄を母体とする日本テレコムは、新幹線沿いに光ファイバーを引くことができる。日本道路公団と建設省（当時）を母体とする日本高速通信も、東名、名神の高速道路の側溝沿いに光ファイバーを引くことができる。

京セラ母体の第二電電は、長距離回線のためのインフラをもたなかった。このため、大阪―東京間の山の頂にパラボラアンテナを据えて、マイクロウェーブを使い通信ネットワークを整備するという方法をとらざるを得なかった。この逆境の中で、社員たちは「国民のため」という利他の心を共有し、ひたむきに頑張った。

第二電電は、1993（平成5）年、創業から9年の後、ライバルの新電電2社に先駆けて、東京証券取引所に上場した。２０００（平成12）年には、ＤＤＩとＫＤＤ、ＩＤＯが合併し、ＫＤＤＩが発足した。稲盛は、ＫＤＤＩ名誉会長に就任し、翌年、最高顧問となった。

ＫＤＤＩは、社是として、「心を高める～動機善なりや、私心なかりしか～」を掲げ、売上5兆４００億円、営業利益９６００億円（２０１８年3月期）となっている。

（4）日本航空の再建――組織風土の改革

日本航空は、１９５１（昭和26）年にナショナル・フラッグ・キャリアとして発足、日本の高度経済成長とともに国際化を全面的に支えてきた。しかし、無理な拡大路線の継続と、官僚的といわれる組織風土等とリーマンショック後の不況の影響から、２０１０（平成22）年1月に金融機関以外では日本最大という2兆３０００億円の負債を抱え倒産した。同年2月、稲盛は、日本政府からの再三にわたる要請を受け、会社更生法の適用を受けた日本航空の会長に就任し、代表取締役会長を経て、２０１３（平成25）年4月より名誉会長、2年後に名誉顧問となった。

２０１４（平成26）年のオックスフォード大学での講演によると、稲盛は、会長に就任した理由として3点をあげている。第一は、日本航空が二次破綻した場合、日本経済が受ける大きな影響を避けるため、第二は、日本航空に残された社員の雇用を守るため、第三に、航空会社の複数存在による競争により、国民のため、飛行機を利用する人の便宜をはかるためであった。要請受諾の条件として、80歳近い高齢であること、ほかの仕事もあることから、無給を申し出ている。

日本航空は、お客さまのためにという大義の共有など、全社員の意識変革による組織風土の刷新等により、業績はV字回復した。２０１２（平成24）年に再上場を果たし、現在、売上高1兆２８８９億円、営業利益１７０３億円（２０１８年3月期）である。

2．梅岩と稲盛の思想、哲学の比較

⑴ 稲盛と梅岩との出会いとその影響

１９９５（平成7）年刊行の『哲学への回帰―資本主義の新しい精神を求めて』、２００４（平成16）年刊行の『生き方―人間として一番大切なもの』では、梅岩の商業観や商人の道等の思想について触れている。また、若手経営者向けの経営塾である「盛和塾」の塾長講演では、たびたび梅岩の思想に触れ、「梅岩は、商人が現代より低い社会的評価であった江戸時代、元禄文化の頃、商人に倫理観と精神的支柱を与えた」と紹介している。

たとえば、１９９５（平成7）年の盛和塾の群馬開塾式における塾長講演録によると、「現

心学開講 270 年記念シンポジウム、2000（平成 12）年 10 月 15 日

出所：京セラ（株）稲盛ライブラリー

代でも商人、企業経営者は、学者や文化人、政治家、官僚に比べて少し卑しいという社会通念が残っていると感じる」が、「我々経営者は自分の家族だけではなく、従業員とその家族を養っている」「搾取しているわけではない」「考え方が立派な経営者が一人でも多くなることが、社会の安定と繁栄の基礎になる」と語った。こうして塾生を激励した。

さらに、２０００（平成12）年、「心学開講２７０年記念シンポジウム―取り戻そう！日本人の忘れている心と知恵―新しい資本主義と新しい個人主義」（於：国立京都国際会館）が開かれた。稲盛は、第3章などで紹介した米国の社会宗教学者ロバート・ベラーとともに、パネリストとして参加した。

この発言録によると、稲盛は、「経営者と

しての早い時期に、社会に貢献したいと考えているにもかかわらず、企業経営者が社会的に低く評価されていることに、忸怩たる思いでいた。その時、梅岩を知り、勇気づけられ、事業に邁進することができた」と述べている。その後の稲盛の思想と活動に梅岩が与えた影響は小さくなかったといえよう。

(2) 梅岩の「商人の道」と稲盛の「経営のこころ」

梅岩は、第1章で示したように、『都鄙問答』の巻の一と巻の二、『倹約斉家論』で商業の役割や商人の道について論じている。商人の発祥は「自分のところで余った物を、不足している物と物々交換する」ことで、「そうした日々をこつこつと積み重ねて富を貯えるのが、商人としての正しい道」である。「商人の売買の儲けは、武士の俸禄と同じ」で、商人が利益を得ることは必要であるものの、「二重に利益を取り、甘美な毒を食らって自死へと堕ちていく」ことにつながると述べている。

さらに、「倹約とは、ただ衣服や器物に関し、贅沢を避けるだけではなく、心もつつしみ持つことが大切」という。また、「商人は世間のために節約をし、私欲を抑え正直な心を取り戻し、物自体が持つ本質を把握し大事に最大限に生かす」「商人が貯めた金銭の富のあるじは世の中の人々」である。「天下の財を流通させることで世の中の人々のこころと生活を安定させ

図表6-1　京セラフィロソフィの構成　全4章78項目

2014（平成26）年

第１章	素晴らしい人生を送るために		50項目
	・心を高める（7項目）	・より良い仕事をする	（17項目）
	・正しい判断をする（5項目）	・新しいことを成し遂げる	（7項目）
	・困難に打ち勝つ（6項目）	・人生を考える	（8項目）
第２章	経営のこころ		12項目
第３章	京セラでは一人一人が経営者		6項目
第４章	日々の仕事を進めるにあたって		10項目

ることにつながる」とも述べている。

一方、稲盛は、『哲学への回帰』において、梅岩の思想を紹介するとともに、商売、経営には、「正直」「信頼」が大切であると主張している。稲盛が考える哲学とは、人間としてのもっとも正しい生き方へと導くシンプルな原理原則であり、経験と実践から生み出された「生きた哲学」のことであると述べている。

２０１４（平成26）年の京セラ創立55周年を機に公刊された『京セラフィロソフィ』には、稲盛が「人間として何が正しいのか」と自分自身に問い、真摯に仕事や経営にあたり、「正しいことを貫く」という姿勢で人生を生きる中から生まれた考え方が示されている。

これまで、京セラ社員に配布していた『京セラフィロソフィ手帳』をもとに、その項目ごとに「盛和塾」で行った講話記録を編集したものを解説につけている。図表６－１に『京セラフィロソフィ』の構成を示す。

この『京セラフィロソフィ』の第２章「経営のこころ」に、稲盛が考える経営哲学のエッセンスを見ることができる。それは、「心をベースに経営する」「公明正大に利益を追求する」「原理原則に従う」「お客様第一主義を貫く」「大家族主義で経営する」「実力主義に徹する」「パートナーシップを重視する」「全員参加で経営する」「ベクトルを合わせる」「独創性を重んじる」「ガラス張りで経営する」「高い目標をもつ」の12項目である。

なかでも、「公明正大に利益を追求する」の項には、「(略) 利益を上げることは恥ずべきことでもなければ、人の道に反したことでもありません。自由市場において、競争の結果で決まる価格は正しい価格であり、その価格で堂々と商いをして得られる利益は正しい利益です。(中略) 公明正大に事業を行い、正しい利益を追求し、社会に貢献していくのが京セラの経営です」と記されている。

また、「原理原則に従う」の項では、「(略) 会社の経営というものは、筋の通った、道理に合う、世間一般の道徳に反しないものでなければ決してうまくいかず、長続きしないはずです(略)」と述べている。この「経営のこころ」は、前述した梅岩の商業観、商人の道(倫理観)を継承し、現代によみがえらせている。

(3) 梅岩の「先も立ち、我も立つ」と稲盛の「利他」の経営

梅岩は、第1章などで述べたように、正直かつ義にかなった行動をとる商人は、「先も立ち、

我も立つ」、つまり「相手もうまくいき、自分もうまくいく」ということが商いの極意であると述べた。これは、本書の「はじめに」で記述したように、現代のＣＳＲの萌芽と見なせる。

稲盛は、『生き方―人間として一番大切なこと』の第4章「利他の心で生きる」の中で、「利他」の心とは、仏教でいう「他に善かれし」という慈悲の心、キリスト教でいう「愛」のことです」と述べている。さらに、「他を利するはビジネスの原点」であり、「経営は利他行である」とも述べ、「利他」は経営と合致すると考えている。

『哲学への回帰』の第1章「資本主義の倫理と独立自尊の精神」では、「自分の事業、自分の利益にこだわっていると、見えるところに限りがあるということです。自分の周囲の狭い領域までは見えるのですが、ある広がりから先は見えない」、また「利潤追求の中に利他がなければならず、同時に利潤追求は利他のための手段である」とも述べている。

本章の第1節で紹介したように、実際の稲盛の経営には、「利他」の考え方が反映されている。たとえば、京セラの創業では、重要なステークホルダーである社員の団体交渉の訴えを聞き、経営者の責任を自覚した。そして、「全従業員の物心両面の幸福を追求すると同時に、人類、社会の進歩発展に貢献すること」という経営理念を策定した。

また、ＫＤＤＩの場合にも、「日本の通信料を低価格にしたい」という「国民のために」という「利他」の思いが、起業の動機となった。さらに、「利他」の思いは、インフラを持たないという逆境を社員とともに乗り越えて事業を発展させた原動力でもあったという。

高齢にもかかわらず、無給でＪＡＬの再建を引き受けたことも、「日本経済のために」「お客さまのために」「従業員の雇用を守るために」という「利他」の精神が根本であったと考えられる。これらの事例は、「先も立ち、我も立つ」と述べた梅岩の思想と一致している。

（4）商人と社会的活動

梅岩は、市井の思想家として商人や庶民の教育を実践し、商人は「困っているところに融通し、お金を社会に役立てる」と述べた。実際に窮民の救済を熱心に実践したとも伝えられている。

稲盛の代表的な社会的活動の一つである「稲盛財団」の設立の契機が、『生き方―人間として一番大切なこと』の「利他の心で生きる」の中に述べられている。「京セラ創業から数年後、暮れのボーナスの一部を社員から社会のために寄付してもらい、それと同額を会社から提供し、正月に餅を買えない貧しい人に寄付することにした」とある。

その後、稲盛は個人として株式や現金２００億円を拠出し、１９８５（昭和60）年に稲盛財団を設立した。国際相互理解の増進に努め、人類の平和と繁栄に積極的貢献していくことを目的とした。代表的な事業は、「京都賞」という顕彰事業、研究助成事業、社会啓発事業である。

国際賞「京都賞」は、毎年、先端技術部門、基礎科学部門、思想・芸術部門の各部門で大きな貢献をされた方々の功績をたたえ、顕彰し、学術、文化の促進に努めている。

稲盛は、１９８３（昭和58）年、京都の若手経営者から、人としての生き方「人生哲学」と、経営者としての心の持ち方「経営哲学」を学びたいとの要望があり、「盛友塾」という自主勉強会を始めた。その後、これは「盛和塾」となり、日本56塾、海外44塾と拡大した。２０１８（平成30）年10月末現在、塾生数は1万３８３２名となっている。稲盛は、心ある経営者こそが明日の日本を支えるとの信念を持ち、塾長として活動した。

前述した１９９５（平成７）年の盛和塾の塾長講演において、稲盛は、「商人たちに大義名分を説いた梅岩の姿が、この盛和塾の活動と重なって見えてならない」と語っている。

これらの活動は、社会への恩返しであると同時に、利他の精神の実践である。これは、梅岩の思想と一致している。

3．思想、哲学形成の基礎、人としての生き方

梅岩は、第2章で述べたように、『都鄙問答』の全般にわたり、儒学に沿って論を展開している。巻の三では、自らを儒者と述べている。加えて、儒学のみではなく、仏教、老荘思想ま

で幅広く吸収し取り上げており、その上に日本は神の国として神道をすえている。梅岩は、幅広い思想、宗教、哲学を融合した概念の下、儒教を基礎とした考え方を持っている。

次に、稲盛の思想、哲学の基礎を探るために、『京セラフィロソフィ』のページをめくり、内容を検討する。『京セラフィロソフィ』第1章の冒頭「心を高める」という項目の中に、「人生の目的とは、心の純化、浄化に努め、心を立派にしていくこと」とある。「理工系出身ではあるが、（中略）、若いころから、技術や科学よりも『心』というものが最も大事と考えていた」とある。

さらに、「心清らかなれば人生の道は平らで安らかなものになる」と述べ、『仏教聖典』の「この世界は心に導かれ　心にひきずられ　心の支配を受けている　迷いの心によって　悩みに満ちた世間が現れる（後略）」という言葉を引用している。稲盛の思想、哲学の基礎は仏教と考えられる。

ちなみに、『京セラフィロソフィ』第1章の7項目は、「心を高める『宇宙の意志』と調和する心」「愛と誠と調和の心をベースとする」「きれいな心で願望を描く」「素直な心をもつ」「常に謙虚であらねばならない」「感謝の気持ちをもつ」「常に明るく」である。

また、『京セラフィロソフィ』の「より良い仕事をする」には、「働くことはこの世に生きる最上のよろこびであり、物事を成就させ人生を充実させていくために必要不可欠なものは『勤勉』である」と述べている。稲盛は、労働とは、経済的価値を生み出すのみならず、まさに人間としての価値も高めてくれるものであると考えている。梅岩と稲盛ともに、「勤勉」の重要性を指摘していた。

稲盛は、『稲盛和夫の哲学』『哲学への回帰』をはじめ、多くの著書や講話で、人生に関する考え方を述べている。これらは、仏教を基礎にするものが圧倒的に多い。

たとえば、『稲盛和夫の哲学』の第6章「意識体と魂について」の中で、「人はなぜ転生するか。それは現世でつくりあげた人格が不十分で、次の現世でもっと心を磨き上げる必要があるからです」と述べている。そして、悟りを得れば、如来となり転生はしないという。「人生をつかさどる見えざる大きな二つの力」があり、一つは持って生まれた「運命」であり、もう一つは「因果応報」である。すなわち、善いことをすればよい結果となり、悪いことをすれば悪い結果となる。善行を積み重ねることが大事である。

以上のように、梅岩の思想、哲学の基礎は儒学であるのに対し、稲盛のそれは仏教である。

では、梅岩は、仏教をどのように考えていたのであろうか？

梅岩は、『都鄙問答』巻の二に「心を清らかにするには仏教も悪くはないが、わが身を修養したり家内をきちんとしたり、天下国家を治めたりするのは儒教の方が向いている」と儒教と仏教を比較して論じている。

また、巻の三に、「儒教と仏教、この二つの道を枝葉末節な点まで論じようとすると、事柄が多岐にわたってますます理解しづらくなる。どちらも『根本の要諦』としているのは『性理』を会得することであり、共通しているのだ」。

さらに、「仏教を信仰するのは、心の悟りを得るためである。仏教を通じて得る心と儒教を通じて得る心があって、その二つの心に違いがあるはずがない。どちらの道で悟りを得ても、その心で仁政（仁道に基づいた政治）を行い、天下国家を治めたら、害が生じる余地などない」と述べている。

4．梅岩と稲盛が提起すること

梅岩は、前章までで述べたように、江戸時代中期という日本の資本主義の黎明期に、商業の社会的機能を明示し、商人の道（倫理観、道徳）の重要性、商行為と利益の正当性、「先も立ち、我も立つ」は商いの極意と喝破した。その思想は、封建制度下の世の中に石門心学といわれる学派として、広く伝播した。これに対し、本章では、梅岩の思想、哲学と、稲盛の経営哲学やその実践とを比較し、高度に発達した現代資本主義社会において、梅岩の思想の価値が生きていることを明らかにしてきた。

梅岩と稲盛の哲学とその実践の共通点は、人の「心」、稲盛の言葉を借りると、人間の精神作用の質の問題を最優先事項として捉え、職業の倫理、特に商業を中心に実践的な思想、哲学を打ち立てたということができる。これには、梅岩と稲盛が、それぞれ長期間の商家勤務と、起業家および大企業経営者としての経験という商業・経済の実務経験があったこと、また、教育を含む社会的課題に積極的に参画していたことが影響していると考えられる。

ただし、彼らの思想形成の基礎は、梅岩が儒学であり、稲盛は仏教であるという大きな相違点がある。しかしながら、前節で既述したように、『都鄙問答』の梅岩の言葉を借りれば、「儒教と仏教のどちらも『性理』を会得することを『根本の要諦』としている」と述べていた。梅岩と稲盛は、儒学と仏教という思想形成の道筋は異なるものの、目標は同じである。たとえれば、登山にあたり、登山道が異なるが目標である頂上は同じということであろう。

資本主義は、社会や科学の進歩を促進し、人々を豊かにした優れた社会システムである。他方、その発展とともに、物質万能、人よりも科学技術優先の社会を促進したことは否めない。

稲盛の言葉を借りると、「人間の精神作用の質」の希薄化、人の生きる意味の矮小化、経済活動の肥大化と経済格差の拡大などの無視できない課題を生み出している。私たちは、梅岩が唱えた高度な倫理観に裏づけされた資本主義の原点をたずね、さらに稲盛の経営哲学と実践に学び、その中心となる「利他」の思想を生かす、新たな資本主義を探る必要がある。

本章が多少なりとも、この新しい議論の始まりの一助となれば幸いである。

謝辞
本稿の作成にあたり、京セラ（株）稲盛ライブラリー　粕谷昌志氏より、貴重な情報提供等のご協力をいただき、深謝致します。

（桑山三恵子）

Ⅰ 石田梅岩という人と、その教え、石門心学

【第7章】 石田梅岩とピーター・ドラッカー ～人と社会のあり方を示した偉大な思想家たち～

1．梅岩とドラッカーの思想の始まりに迫る

（1）梅岩とドラッカー

本章では、「現代経営学」あるいは「マネジメント」の発明者と称されるピーター・ドラッカー（以下、ドラッカー）をとりあげる。

梅岩の生涯は、第1章や付録・年表にあるように、１６８５（貞享2）年～１７４４（延享元）年である。これに対し、ドラッカーの生涯は、１９０９（明治42）年～２００５（平成17）年で、梅岩の死後１５０年ほどたってから生まれている。生きた時代、国が違う二人であるものの、人間の本性（本心）への理解において、二人には共通する部分が多い。

人と社会のあり方を示してくれた梅岩とドラッカーという二人の思想家を比較しながら次の時代への展望を見ていきたい。

（2）梅岩の想いの原点：師匠・小栗了雲との出会い

人間の心、慈悲の心（仏性）、絶対的な善の存在を悟り、江戸時代の商人に誇りと自律を促し、のちに丹波聖人とたたえられる梅岩の想いの原点を見ていきたい。

梅岩は、第1章や第5章などで記述したように、10歳で京都に奉公に出るものの、奉公先の経営が芳しくないことから14歳で亀岡の実家に戻り、家業の手伝いをする。次に奉公先に出るのは22歳の時であるから、この実家での8年間が梅岩にとって精神的な部分で大切な時間となった。

梅岩の性格は、人一倍の理屈っぽい性格であった。奉公先の仲間と接する中で自分の性格を自覚したようだ。梅岩は、亀岡でのこの時期に、これまでの奉公先での自分の行動や発言、さらに仲間を思い出しながら、なぜか素直に内省している。

そして、この癖を直す努力を決心する。梅岩は、生涯にわたってその決心を継続していくのである。梅岩自身が後年回想しているが、15年たった30歳の頃には理屈っぽい性格もあらかた直り、50歳の頃にはほんの少しだけ残ったが、60歳近くの頃にはすっかり別人のようになったという。このことからも梅岩は自分の内面と素直に会話する能力に長けていたようだ。

この実家での8年間のどこかで心の奥に志を立てた。それは世の中の人々に「人の人たるべき道」、つまり、倫理を説きたいとの想いが育まれたのである。自分の性格を直すことから始まった心の反省は、いつしか心のあり方へと昇華していった。

梅岩は、次の奉公先において、周りの理解者の助けもあって、20年もの長い間、神道、儒教、仏教の教えを学び、体系化していった。梅岩が偉いのは学んだ知識を生活の中で実践したことである。それは自分の欲を抑え、利他の精神を創りあげている。いつしか奉公仲間の兄貴的な存在となり、梅岩は人格的な存在とみられるようになっていく。

はじめは神道にのめり込み、市中で街頭演説をしてでも他人に道を説きたいという思いは日増しに強くなっていく。この頃から伝道精神に長けた人物だったようだ。しかし、「人間の本来の心とは何か？」という疑問は、この時点では解消されていない。

そんななか、梅岩に運命的な出会いが訪れている。第1章、第2章、第5章でも説明したように、生涯の師と仰ぐ、儒学者・小栗了雲という先達にめぐりあう。師のもとで厳しい修業を続けていく。その甲斐あって、年来悩みに悩んでいた「人の人たる道」とは何かに光明を見いだし、悟りを得る。

梅岩は、「今までの我執を捨てて天人一致の境涯に到達した」と後日語っている。15歳の時に亀岡の実家で思った、世の中の人々に「人の人たるべき道」、つまり「人はいかにあるべきか」を説きたいという想いが確信に変わっていく。

（3）ドラッカーの想いの原点：哲学者キルケゴールとの出会い

今日、一般的にドラッカーといえば、「知の巨人」とか「マネジメントの父」「コンサルタントの神様」などと称され、戦後の日本の企業経営に大きな影響を与えた人物である。そのドラッカーの人間観の源流をたどってみたい。

ドラッカーにとって、梅岩の了雲との出会いと同様、運命的な興味深い出来事があった。それは1928（昭和3）年、ドラッカー19歳の時、ドイツ・ハンブルクの貿易商社に勤めていた頃のことである。デンマークの哲学者キルケゴールの著作『おそれとおののき』に出会う。ドラッカーは、後に「自らの人生を左右するような衝撃を受けた。これは偶然というよりも神に導かれてであった」と書き残している。ドラッカーの人間観を決定づける出会いだったのだ。

キルケゴールが生きた時代は18世紀の西洋である。この頃の西洋の思想哲学における関心の中心は、「人間の実存はいかにして可能か」という個人にかかわるものだった。人間の存在そのものへの問いかけに対し、キルケゴールは明快に応えている。人間の実存は、内面的な自分、精神における自己と社会の中の自分自身が同時に緊張感、責任感を持って生きることだ。

これは、解釈がなかなか難しい表現であった。要約すると、人間は人に命令されて行動する

日本をこよなく愛したドラッカー
© Claremont Graduate University

他律的な生き物ではなく、自分の頭で考え自律的に責任を負って行動する生き物であり、同時に人間の傲慢さを打ち消す謙虚さを併せ持つことの大切さを意味していた。さらに、人間の尊厳については、自由で自律、そして責任の中にあるとした。

ドラッカーがキルケゴールの著書に出会った当時、ヒトラー率いるナチス全体主義が台頭しつつある時期であった。ナチスは、人間を国家という機械の歯車のように扱い、個人の生命は全体のために自己犠牲とすることに大きな意味があるというプロパガンダを流し続けた。ドイツ国民はいつしかナチスに洗脳されていくなか、ドラッカーは、生涯、人間の個を無視する全体主義に嫌悪感を持ち続け、１９３３年から処女作『経済人の終わり』の執筆活動に入っている。

全体主義の哲学は人に死の覚悟を与えたが、キルケゴールの思想は、人間に死ぬ覚悟を与えると同時に生きる覚悟も与えてくれたとドラッカーは言及した。自律した個人の確立が健全な社会を構築するうえで欠くべからざることなのである。

全体主義に立ち向かう姿勢を生涯崩さなかったのも、若き日に出会ったキルケゴールからの影響が大きかった。そして、生涯における経営哲学の基盤となった。ドラッカーの経営学の深さは、その哲学的な人生論、人間観のうえに構築された理論と実践にあることを改めて認識させられる。

ドラッカーのいう人間の本質（本性）は自由である。しかし、その自由とは、「責任ある選択」であり、与えられる自由ではなく、責任を持った自由、自律を重んじる自由である。ドラッカーの生涯のテーマとなった「自由で機能する社会」の探求の旅の原点こそが、哲学者キルケゴールとの出会いにあった。

2．梅岩とドラッカーの比較 ～社会観、本性、尊厳、自由について～

(1) 社会観について

「心学」を究めた梅岩と、「マネジメント」を発見したドラッカーの社会観は、多くの点で一致している。梅岩は、商人の利益について「富（利益）の主は天下の人々である」という。つまり、自分たちの利益は顧客から預かったものに過ぎないととらえている。謙虚な姿勢である。傲慢さは微塵も感じさせない。

梅岩は、第1章などで記述したように「先も立ち、我も立つ」と主張する。これは、まずは顧客が先に満足してから、その後に対価として利益をいただくという考え方である。儒教の教えである先義後利の思想である。自分志向ではなく、顧客志向、顧客満足を旨としている。相手への思いやりである仁の思想でもある。

また、梅岩の倹約の精神を象徴する言葉が「世界のために三つのところを二つで済ます」である。資源を無駄にしないと同時に、仕事の無駄を省くことは社会への貢献とする考え方である。これは、フレデリック・テイラーが19世紀初頭に提唱した時間管理による生産性革命、非効率な労働慣行を改善し、労働者を豊かにしていった思想に通じている。梅岩の倹約は、清貧の思想ではなく、清富の思想なのである。

一方、ドラッカーの『マネジメント』は、社会的責任を基盤としている。企業は、社会の公器であり、健全な社会なくしてまともな活動はできない。そのために、彼は、企業には、社会の目線を持って自社を見つめ直し、行動していくことの重要さを『マネジメント』において説いた。目的は、利益ではなく、社会の発展と繁栄である。利益は、目的、ミッションを達成し、持続可能な活動のための条件としている。だからといって利益に関心が薄いのではない。あくまで利益はミッションの遂行の結果であって、目的ではないことを意味している。

しかし、利益は目的のための不可欠な要素だけに、ドラッカーは、「天使（エンジェル）」が会社を経営しても利益への関心は持ち続けるだろうとも言及している。

また、社会的責任について、ドラッカーは、企業活動から発生するマイナスの影響、たとえば製造業なら排煙や排水の環境影響をゼロに近づけるべき、さらに自社の強みを活かして社会課題を解決することに挑戦すべきだと言及している。

ドラッカーは、社会を人間の皮膚にたとえる。少なくとも健全な社会にしか、企業活動は成り立たないとする社会観を持っている。社会は、どこにでもある空気ではなく、企業活動と有機的に連動したエコシステムの中にあるとしている。

２０１５年に国連サミットで採択されたＳＤＧｓは、持続可能な世界を実現するための17のゴール、169のターゲットから構成されている社会課題を提示している。世界共通の社会課題を真摯に受けとめて、自社の強みを活かした解決で新たなイノベーションを起こしてもらいたい。なお、SDGsについては、後の第8章や第9章で詳しく述べる。

梅岩とドラッカーの二人の思想家は、ともに経済よりも社会を意識し、社会の安定と繁栄をファーストとしている。

(2) 人間の本性について

梅岩は、「私欲は人間の本性ではない。人間の本性は無欲である」という。だから自己利益の追求を批判している。ドラッカーもまたいかなる社会といえども、人間の本質は変えることはできないとする。ドラッカーの思想も「人間とは何か」からスタートしている。まさに根源的な問いである。

自らの組織の使命と社会にとっての善に矛盾が生じた時は、組織人としてどうあるべきか。梅岩もドラッカーも同じことを発するだろう。それは「私欲を抑え、他者のことを思いやりなさい」と。二人に共通していることは、どちらも明快な哲学のうえに思想体系を構築したことである。

哲学がない思想は目先の利益や事なかれ主義の根無し草となってしまう。梅岩の「心学」もドラッカーの「マネジメント」も、人間のあり方、人間の本性という根源から出た思想体系である。

哲学は、「賢さ」ではなく、「正しさ」を教えてくれるものである。経営哲学にたとえると、「いかに利益をあげるか」ではなく、「自社はどのような存在であるべきか」を教えてくれる。まさに経営者にとってはバイブルなのである。ドラッカーは、経営指南を受けに来る経営者たちに、「そもそも、あなたの事業は何ですか」という哲学的な根本の質問から始まる。決して短絡的な儲けるためのハウツーの話などはしなかった。

（3）人間の尊厳について

企業社会における人間の行動は2つある。

一つは、競争性と効率性を高め、利益の最大化を図ろうとする経済合理的な行動である。この行動は、目的である利益という外因によって左右される他律的行動である。

もう一つは、社会性と人間性を高め、社会の利益を優先しようという人間主義的な行動である。この行動の目的は、個人にとっては幸福であり、企業にとっては理念の実現である。つまり、内因によって左右される自律的行動である。

ドラッカーの経営思想は、後者の「人間主義的マネジメント」を基盤としている。この共感の思想こそが、ドラッカーが日本人に好かれる所以であろう。そこに日本人は親和性を感じている。その親和性の原因こそが梅岩の心学思想を日本人が受け継いでいる証拠なのである。

この人間主義的マネジメントは内因（内なる理性の声）に従い、自律的に行動することである。それは人間としての義務を果たすことであり、そこに人間の尊厳があるのだという。人から命令されてやるのではなく、自分の頭と心で考えた行動である。

２０１１（平成23）年３月の東日本大震災の際には、自衛官の自律的な行動が見られた。危険を承知で被災地の住民のために行動をとった。別の事例では、２０１４（平成26）年、山梨で記録的な積雪があり、高速道路で車が立ち往生となった。山崎製パンの運転手は積んでいるパンを自主的に無料で動けなくなった他のドライバーに配った。自分でこうすべきだという自主的な判断だった。このような人間の行動に、感動とともに日本人の粋な姿を覚える。動物にはない人間の尊厳を感じるのである。明らかに経済合理性だけでは計りえないものを日本人は精神の中にビルトインされているようだ。

梅岩の思想は今でも日本人の自律的行動に活かされているのである。

（４）自由と自立性について

江戸時代、全国を自由に行商した近江商人であった中村治兵衛は、70歳の時に15歳の孫に遺言状を送っている。この中に、第4章でも説明した「三方よし」の精神がわかりやすく書かれていた。「経営の本質は道徳と謙虚さ、そして世の中を良くしていく責任感である」と。近江商人が日本各地で受け入れられた理由はここにあるのである。

ドラッカーの自由とは、「責任ある選択」のことである。自分は完全な存在ではない、未完全な存在、それだけに責任を持って意思決定をしていくのが自由だと定義している。自分を完全とはしない謙虚な姿勢である。自由とは重荷を背負うようなもの、できれば背負いたくない。しかし、それは人間の本性に逆らうことになるという。人間の自由は奴隷の自由であってはならない。各自が持つ選択の自由なのである。この自律的な行動こそが人間が本来持っている自由であり、これこそが人間の本性なのだという。

梅岩の石門心学もまた「人に言われて商いをするのではなく、自分の頭で考え抜いた行動が大切」という商人の自律的行動を促している。これが商人に誇りを持たせる原動力となっていった。

3．日本人のＤＮＡに影響を与えた「石門心学」

（1）日本人は、なぜカント哲学とドラッカー経営学が好きなのか

ドラッカーの自由とは「責任ある選択」であり、与えられた他律的な自由ではない。責任を持って自律的に行動すること、これが本来の人間にとっての自由なのである。逆をいえば、自律的でない人には責任は伴わない。

ドラッカーの名著『マネジメント』は、自律的な行動をとるための啓発の書である。決して利益を出すためのハウツー本ではない。人間は自律性を持つことで物事の本質をみる習慣を身につけることにつながる。自律的な選択、責任ある選択こそが人間の自由であり、ギリシャ時代の哲学的課題であった「心の安定」はここにある。

カントは、自由と責任についての法則を発見している。彼は、この発見によって、「道徳のカント」といわれるにいたる。その法則とは、「他人を物や動物のように手段として扱わないこと」である。これは、ニュートンが外界において万有引力の法則を発見したように、カントは、目には見えない内界、つまり心の世界に自由／責任（道徳）の法則があることを発見した。開かれたイメージを持つ「自由」と、閉ざされたイメージが強い「責任（道徳）」とは、

実はコインの裏表なのである。この法則を人間は背負うがゆえに、人間としての尊厳があるとした。カントは、この自律的な行動を取ることは人間の義務だという。ここに、動物にはない、人間としての「尊厳」があるのだという。

カントは、人間同士がお互いの人格を手段として扱わないことを強調した。このように人格を尊重する社会を「目的王国」と呼んだ。

普段の人間関係において、他人に接する時は尊厳を持った接し方が必要なのである。つまり、他人を物や動物のように手段としては扱ってはならない、これがカントの自由の法則である。

ドラッカーがいう「インテグリティ（真摯さ）」は、まさにカントがいう「人を手段として扱わない」、他人への尊厳を守ることを指している。ドラッカーは、マネジメントの正統性として、そこで働く人を成長させることを強調した。ドラッカーは、明らかにカントの思想の影響を受けている。

戦前の日本人のビジネス・エリートがカント哲学を学び、戦後は好んでドラッカー経営学を学んだ。そこには何か日本の経営に共通する伝統、守らなければならない何かがあった。その何かが親和性を持たせた。まるで日本人のＤＮＡに組み込まれているかのようだ。このＤＮＡに組み込まれたものこそが、梅岩の石門心学が提唱した「勤勉」「正直」「倹約」の思想なのである。

カントとドラッカーの思想に親和性を感じるのは、この梅岩の思想が江戸時代から明治、大正、昭和、そして平成の日本人の精神に引き継がれている証左と見なせる。

(2) 日本人の仕事に対する精神構造

日本人が無意識の中に持つ仕事観についてみていきたい。

「仕事というのは、純経済的な行為ではなく、仏行である。宗教的な精神的充足を求める神聖な業務である」「業務一つひとつに神が宿る」という仕事観を日本人は今でも持ち続けている。その仕事観は、日本人を業務にリスペクト（敬意を払う）する姿勢へと誘う。

現代の若い人はともかく、中高年以上の日本人は納得するのではないだろうか。日本人は仕事を人格形成のフィールドととらえる節がある。

この日本人が持つ仕事観の源流を探ると、江戸時代の初期の思想家、鈴木正三、そして本書の主役である江戸中期の梅岩の思想にたどり着く。

「日本国宝」という言葉が日本にはある。良いものを創るために精魂を傾け、他人ができないことまで到達した時、その人は国の宝となり、人間国宝と呼ばれる。仕事を究めた人間は、人格的にも優れているという思想である。そこには、効率性や生産性よりも、仕事に立ち向かう姿勢、精神こそが一番重要なのである。

欧米人は、聖書に見られるように人間は罰として仕事を課せられる。仕事は苦役である。精神的、人格的向上のためなど微塵もない。しかし、日本人はそうではない。日本人にとって、仕事は神聖なものなのである。日本人は国民レベルでこの姿勢を身につけている。

4．梅岩とドラッカー、二人の想いを未来につなげる

(1) 働き方改革を阻害する日本人のメンタリティー

これまで述べてきたように日本人の仕事に対する姿勢は、梅岩の思想哲学の影響が多分にある。石門心学において立派な人間とは、勤勉に働くことで人格を修養し、清貧（倹約）を常とすることに喜びを感じる。日本人は、より良いものを創り出したい、そのためには自分の人生までもかけるくらいの精神を持っている。この日本人の精神は、仕事を単なる労働とは見ていない。仕事は、自分の精神を鍛えてくれる修行の場、人間形成のための神聖なる場所と位置づけている。

「勤勉」「正直」「倹約」の精神は日本人の美徳である。こういう日本人の姿勢に共感を持ったのも、ほかならぬドラッカーであった。

次に、ドラッカーが若き日に感銘を受けた話を紹介する。これは、日本人には理解しやすいものではないだろうか。

黄金時代のギリシャ文化を代表する建築といえば、すぐにアテネのアクロポリスの丘にそびえ立つパルテノン神殿を思い浮かべる人が多いだろう。このパルテノン神殿の建設時に面白いエピソードがある。

この神殿の屋根に建つ彫像を請け負った天才彫刻家フェイディアスは、すばらしい彫像群を完成させた。だがフェイディアスの請求書に対し、アテネの会計官はあまりの高額さに驚き支払いを拒んだ。「天井の彫像の背中は下からは見えない。見えない部分まで彫って請求してくるとは何事か」と、減額を要求した。それに対し、フェイディアスは答えた。「そんなことはない。神々が見ている」と言い放った。

このエピソードを知った、若き日のドラッカーは感動した。仕事に対して手を抜かないフェイディアスの姿勢に対して大きな衝撃を受けたようである。

ドラッカー自身も生涯を通して仕事へのこだわりと、より良いものを作品として世に出す努力を惜しまなかった。これまでの書籍の中で一番満足したものはどれかという新聞記者からの質問に対して、ドラッカーは、いつも同じように「Next One（次に出版する書籍だ）」と言った。

ドラッカーが、日本画、特に室町時代の禅画に興味を持ち、日本好きになったのは有名である。彼は、この禅の世界にもこだわり、それをきわめることを求めた。むしろ日本人は仕事で成果を出す以上に、仕事で人格を磨くような禅の思想をこの時代から持ち始めたのかもしれない。

仕事の細部にこだわれば当然、生産性は落ちる。最高級品質を求める日本人の職人気質は今も日本人の働き方に色濃く残っている。ドラッカーはこのより良いものを創っていく姿勢が根づいている日本人に共感を持った。

それが今、「働き方改革」が叫ばれるようになった。政府は、日本人の働くということに対する考え方そのものを改革しようとしている。この背景には、もちろん労働人口の減少、長時間労働、少子高齢化、低い労働生産性などの課題があげられる。これらの課題をクリアしていかなければ、次世代の日本社会の安定が保てないのも事実である。したがって、政府の政策は、仕事は成果物を出すための手段と考え、効率よく働き、最高品質ではなく全体最適なものでいいではないかというマインドチェンジを国民に求めているように映る。

しかし、日本人には、仕事に対して、成果物を出すための手段以上のもの、つまり自己実現のため、人格形成のための手段としての仕事へのこだわりがＤＮＡとして備わっている。この仕事に対する姿勢を捨て去るのではなく、うまくこれまで以上に利用することが大切である。

（2）日本独自の「働き方改革」を目指す

２０１８（平成30）年は、明治維新１５０年目にあたった。１８５３（嘉永６）年に浦賀にペリー率いる黒船が来航し、幕府は開国を迫られた。それから、わずか15年で日本は大きく舵を切り、明治新政府のもと西洋文明を積極的に受け入れていく。そして、わずか40年足らずで極東の貧しい小国は近代化に成功し、先進国の仲間入りをした。

第３章でも紹介したロバート・ベラーは、日本がここまで発展したのは、近代化に向けて制度や組織といったハードの部分（体制）は西洋を模範とし、それを生かすソフトの部分である精神面（態勢）は「勤勉」「正直」「倹約」という石門心学の教えを基盤としたおかげだと言及している。

19世紀後半、中国やインドは、日本よりはるかに豊かな国であった。しかし、結果的には、日本だけが非西欧国の中で近代化に成功した。彼らは西洋からすべてを取り入れ過ぎたようだ。自分たちが持っている強みを活かせなかった。日本のみ、日本資本主義の父といわれた渋沢栄一が名づけた、まさに「和魂洋才」を成し遂げた。

日本には、「温故知新」「不易流行」という良い言葉がある。ドラッカーもまた生涯のテーマは「継続と変革」であった。心豊かで持続可能な社会、そして自由で機能する社会、これがドラッカー思想の中核である。

梅岩の思想哲学は、石門心学として体系化され江戸時代を通じて、確実に日本人の精神の中に育まれた。そして、日本が存亡にかかわる幾度の歴史的な危機を乗り越えてこられたのも、この精神が基盤としてあったからであると、筆者は考える。

しかし、この勤勉さ、妥協を許さない精神が、現代の新しい課題となっている。長時間労働や品質過剰というグローバルな世界からみると奇異な構造を作り出したように映っている。今こそ、この精神の基盤の良さを残しながらリニューアルする方法、マインドが必要なのである。

今、働く日本人は、無くしてはいけない部分を残しつつ、グローバル化の世界で生きるための真の「働き方改革」が求められている。


（北村和敏）

Ⅱ 石門心学と現代経営

【第8章】石門心学とサステナブル経営
【第9章】石門心学とＳＤＧｓ経営
【第10章】石門心学と顧客満足
【第11章】石門心学とダイバーシティ経営
【第12章】石門心学と社会貢献
【第13章】『都鄙問答』に学ぶ企業危機とコミュニケーション

【第8章】 石門心学とサステナブル経営

1. 「文字芸者」とESG投資

梅岩は、古典などの書物を読んで、それを表面的に理解、解釈するだけではだめで、真の学問というためには、文字の背後にある「心」を理解する必要があるという。そして、文字面だけを目で追って、わかったような気になっている学者のことを、文字で遊んでいるという皮肉を込めて、「文字芸者」と表現している。

現代でも、有名な人の言葉や概念を金科玉条（絶対的なよりどころとなるもの）のごとく唱えて、自分自身で現実の真の姿を探索しようとしない人たちがいる。梅岩の言葉を借りれば、このような人たちは「文字芸者」だといえる。

この一例として、機関投資家（個人投資家などから資金を預かって、それを株式などで運用する法人）の役割は、彼らに資金を預けている人たちのために、投資リターンを最大化すること（金儲けをすること）だけであり、それ以外のことは、考慮してはならないという、教条的な考え方がある。かってはこの考え方が、英国や米国で支配的であった。

しかし、機関投資家が社会におよぼす巨大な影響力を踏まえると、世界的視野で考えれば、機関投資家にも、社会に貢献するような投資をしてもらわなくては困る。この社会的なニーズを、機関投資家の投資の意思決定にうまく組み込んだのが、ＥＳＧ投資の考え方である。

ＥＳＧ投資とは、環境（environment）、社会（social）、ガバナンス（governance）、の各要素を考慮して行う投資のことで、現実の課題（環境、社会問題などの解決に向けた課題）を、投資家の投資判断に組み入れたものである。

アナン国連事務総長（当時）のイニシアティブのもと、２００６年に公表された責任投資原則によって、ＥＳＧ投資の概念が明確化された。この原則は、機関投資家がこの原則に署名し、この原則を履行することを期待するものである。

この前文には、①ＥＳＧ要素を考慮することが投資パフォーマンスに影響すること（投資家の金儲けに役立つこと）、②この原則を適用することによって、投資家と幅広い社会の目的の調和が図られること、③ＥＳＧ要素を考慮するのは受託者責任（資金を預けた人に対する機関投資家の責任）の範囲内に限られること、の３つのポイントが記載されている。

図表 8-1　責任投資原則（PRI）署名機関数とその管理資産残高の推移（グローバル）

	2006年	2009年	2012年	2015年	2018年
署名機関数	63	523	1,050	1,384	1,961
管理資産残高（兆ドル）	6.5	18.0	32.0	59.0	81.7

（注）各年4月の数値。
出所：PRIのホームページから筆者作成。

このうち、①は投資リターンの観点から、責任投資原則を推進する意義を示したものであり、②は社会的価値の観点から、③は投資リターンを優先することを示したものである。

ESG投資が生まれた背景には、クリエイティブなロジックの構築（創造的な理由づけ）があった。それは、環境、社会、ガバナンスの各要素を考慮した投資を行ったほうが、すなわち、社会的に価値のある投資を行ったほうが、長期的に見ると、投資リターンが高い（儲かる）というロジックである。

ここでのキーワードは「長期的に見ると」である。単純化していえば、「環境、社会に良い影響を与えている企業（サステナブルな経営を行っている企業）」のほうが、社会により良く受け入れられるので、「長期的に見れば」そのような企業に投資したほうが、投資リターンが高いという考え方である。

統計的な手法を用いた多くの実証研究も、長期的に見ると、ESG要素を考慮した投資は、そうでない投資と比較して、投資リターンに遜色がないか、または投資リターンが高いという結果を示した。その結果、

ＥＳＧ投資が拡大し、投資に社会的ニーズが組み込まれることになった。

わが国でも、国民年金や厚生年金の運用を行っている年金積立金管理運用独立行政法人（ＧＰＩＦ）が、２０１５（平成27）年９月に責任投資原則（ＰＲＩ）に署名したことを契機として、ＥＳＧ投資が急拡大している。ＥＳＧ投資への関心も高まっており、新聞にも毎日、ＥＳＧ関連の記事が掲載されている。

投資家がＥＳＧ要素を重視した投資をすると、それに対応して企業も、ＥＳＧ要素をさらに重視するようになる。これが環境や社会問題の解決に好影響を与える。

このように、ＥＳＧ投資は、投資家と幅広い社会の双方にとって、良い影響を与えるものである。これは、短期的な金儲けだけが機関投資家の役割であるとする、教条的な考え方を持つ「文字芸者」からは、決して出てこない発想であるといえよう。

２．「子孫繁栄の道」とＳＤＧｓ

（１）ＳＤＧｓ

梅岩の教えを読むと、多くの場面で、何らかの行為を行う目的として子孫繁栄を掲げ、子孫繁栄をもたらす方法（「子孫繁栄の道」）を説いている。すなわち、梅岩にとって子孫繁栄は目的であり、これを目的とするのは至極当然のこと、自明の理であった。

たとえば、商人のあるべき姿（商人道）として、人としての道（道理）を知らずに不義の金儲け（道義に反した金儲け）をすると、結局は子孫が絶える結果を招きかねないので、心底から子孫を愛する気持ちがあるのなら、正しい道を歩んで家業が栄えるようにすべきである、と説いている。

梅岩の目線は、数世代先、100年、200年後を見据えた、サステナブルなものである。超長期の視点である。

ここで、現在のわが国の状況を顧みると、長期的な視野に立ってサステナブルな意思決定を行っているか疑問がわく。たとえば、年金問題や赤字国債の大量発行など、子孫に負担をかけることばかりしていないだろうか。短期的な投資リターンの最大化を目的とする短期投資家の圧力に屈して、企業は短期収益の向上にあくせくして、日本の強みであったステークホルダー（利害関係者）との共存の重要性を、ないがしろにしていないだろうか。

実は最近、世界的なレベルで、持続可能な世界を目指す運動が盛りあがっており、わが国企業もこれに積極的に対応しようとしているのだ。

持続可能な世界を目指す運動の中心にＳＤＧｓがある。２０１５年９月に国連サミットにて採択されたＳＤＧｓは、経済成長、社会的包摂、環境保護を調和させつつ、持続的な開発のために国際社会が達成すべき、２０１６年から15年間の目標を定めたものである。

ＳＤＧｓ採択までには、国連を中心とした長い議論の歴史があった。持続可能な開発のもともとの概念は、１９８７年に「環境と開発に関する世界委員会」が公表した報告書（ブルントラント報告書）にさかのぼる。そこでは、環境と開発をお互いに反するものではなく、共存し得るものとしてとらえ、環境保全を考慮した節度ある開発が重要である、という考え方が示された。

ＳＤＧｓの概念が提唱されるようになったのは、潘基文国連事務総長（当時）のイニシアティブにより、２０１０年に設置された「地球の持続可能性に関するハイレベル・パネル」の会合からだ。その後の多くの真摯な議論を経て、17の目標と１６９項目のターゲットから構成されるＳＤＧｓが採択された（図表８－２）。

ＳＤＧｓとは、経済的、社会的、環境的側面に対応する一連の取組みのことで、貧困と飢餓の終焉、健康と教育の改善、都市の持続可能性向上、気候変動対策、海洋と森林の保護など、幅広い持続可能な開発課題や、先進国を含む地球全体で取り組むべき課題をカバーしたものである。サステナブルな社会を実現させることを目的としている。

国連を舞台に多くの人々の英知を結集して策定されたＳＤＧｓは、今後の世界のあるべき一

図表8-2　SDGsの概要

出所：「持続可能な開発のための2030アジェンダ」外務省

つの方向性を示している。ＳＤＧｓは多くの国、投資家、市民社会に支持されており、多くの企業もこれに対応しつつある。

では、なぜ営利を目的とする企業が、持続可能な社会を目指すＳＤＧｓに積極的に対応するのであろうか。その主な理由として、以下の3点をあげることができる。それは、①ビジネス機会の獲得、②リスクの削減、③その他の動機（企業の社会的認可の維持、規制の先取り、など）である。

ＳＤＧｓの課題解決には、巨額の公的資金や民間資金が投下されると見込まれることから、企業にとって、ＳＤＧｓに対応することは、イノベーションや成長の機会を獲得することになる。またＳＤＧｓに対応しないと、市民社会から厳しい批判を浴びる可能性がある。さらにブランドイメージの向上などの観点から、企業にはＳＤＧｓに積極的に対応する動機があるのだ。

社会が長期的に健全に繁栄するために、企業がＳＤＧｓに取り組むことが重要である。またこれは、企業のサステナブルな発展にも効果を発揮する。

なお、ＳＤＧｓと梅岩、石門心学の関連性については、次章「石門心学とＳＤＧｓ経営」にて、改めて論じていく。

（2） 英国のコーポレートガバナンス・コード

サステナブルな社会や経営を指向する動きは、英国にも見られる。これは、過度な新自由主義的施策に対する反省と見ることができる。英国は社会の変動に柔軟に対応し、それによって、長期間にわたって、高い経済水準を維持している国だ。ここで英国の話を少し付け加えてみたい。

１９７９年の英国におけるサッチャー政権の誕生以降、米国ではレーガン政権以降、わが国では中曽根政権以降、世界の潮流は、国家による福祉・公共サービスを縮小し、大幅な規制緩和、自由競争を重視する新自由主義に舵が切られた。

その結果、アジアを中心とした開発途上国が大きく経済発展を遂げるなど、世界的な規模で経済の繁栄がもたらされた。しかしその一方で、先進国では中産階級が没落するなど貧富の格差が拡大し、社会的な不安が増大した。これが近年の米国のトランプ政権誕生や英国のＥＵ離脱の国民投票に大きな影響を与えたのだ。

英国のエスタブリッシュメントは、国民の多くがＥＵ離脱に賛成したことにショックを受けた。ＥＵ離脱の国民投票後に首相の座についたメイ首相は、資本家階級の利益を重視する保守党に所属しているにもかかわらず、従業員の声を企業経営に反映させることを提案した。

もともと英国は株主の権利が強く、会社は株主のために運営されるという考え方が浸透していた。そのようななか、会社の経営に従業員などのステークホルダーの意見を反映させるということは、一つの大きな変化といえる。それほどのショックだったのだ。

メイ首相の考え方は、政府や議会でも賛同が得られ、２０１８年7月の英国コーポレートガバナンス・コードの大幅改訂に際して、企業に対して、幅広い社会への貢献や、取締役会に従業員の声を反映させることが、強く求められるようになった。

コーポレートガバナンス・コードとは、企業が守るべきガバナンスの規範を示したもので、１９９２年の英国のキャドバリー報告書が嚆矢《こうし》とされる。わが国でも２０１５（平成27）年に制定され、企業実務に大きな影響を与えているものだ。

今回の英国のコーポレートガバナンス・コードの改訂（図表８－３）は、企業に対して、投資家だけではなく、社会や従業員などのステークホルダーの意見、利益を重視することを求め

図表 8-3 英国のコーポレートガバナンス・コードの改訂（該当部分等）

	改訂前のコード （2016 年版）	改訂後のコード （2018 年版）
全体の分量	本文 30 頁	本文 15 頁
単語（注）		
workforce	0 回	14 回
stakeholder	1 回	6 回
society	0 回	2 回
序文	・会社は第一義的に株主に対して説明責任を負っている。 ・株主以外の資本の提供者の貢献を認識し、取締役会はそれらの提供者の意見に耳を傾けることが奨励される。	・会社の長期的な発展のために、取締役は幅広いステークホルダーと良好な関係を構築、維持する必要がある。
原則	・記載なし （株主以外のステークホルダーの役割はほとんど期待されていない）	・取締役の役割は、会社の長期的な成功の促進、株主価値の向上、そして幅広い社会への貢献である。 ・従業員が、経営者等の活動が企業価値や企業責任にそぐわないと考える時は、懸念が表明できるようにすべきである。

（注）各コーポレートガバナンス・コードの本文に記載されている当該単語の数（回数）。
出所：英国コーポレートガバナンス・コード（2016 年版、2018 年版）から筆者作成。

るもので、社会の動きに迅速に対応し、幅広い社会のニーズを重視することを通じて、サステナブルな経営の実現を目指すものといえる。

3.「正直を守る」と企業経営

(1)「正直を守る」

梅岩は、繰り返し、商人にとって「正直を守る」ことがいかに大切であるか、を説いている。たとえば、商人にも、呉服の布地や帯が若干短いことを理由として、織り元業者から安く購入したのに、それを正規の品と同じ値段で売却して、短期的な利益をあげる者がいる。また同様に、些細な染違いを理由として、染物屋に値引きさせて購入したのに、これを正規の品と同じ値段で売却することなどによって、短期的な利益をあげる者がいる。

梅岩は、このような無茶を次々と重ねると、その商人の行為すべてに疑念が抱かれ、結局子孫が滅んでしまうことになる、すなわち経営がサステナブルではなくなるという。このように、梅岩は、長期的な成功の土台は、「正直を守る」ことにあると説いている。

この点、第3章や第7章でも紹介した米国のロバート・ベラーは、その著書で、「梅岩は正直に利益を得ることから繁栄がもたらされ、不正な利益を得ることから破滅が導かれると説いた」と指摘している。

　経営者が正直な経営を行ったか否かで、その後の企業の盛衰が分かれた最近の事例として、日立製作所（日立）と東芝の例があげられる。両社とも日本を代表する企業で、経団連の会長を輩出する名門企業である。

（2）日立

　２００８（平成20）年9月に、米国大手投資銀行のリーマン・ブラザーズが破綻したことに端を発して、世界的規模で金融危機が発生し、その影響で世界経済は大きなダメージを受けた。日立もその例外ではなかった。

　日立でも、家庭電気事業や自動車部品事業など、需要の大幅減退を主因として、日本の製造業として史上最悪の大幅赤字を計上するにいたった。日立は、この事態を真摯に受けとめ、経営陣の大幅刷新と「事業構造改革」（選択と集中）や「ガバナンス改革」を、スピード感をもって進めた結果、早期に復活を果たすことができた。

　日立の経営者は、正直に現実を見つめ、正攻法で事態の収拾にあたった。特徴的な対応は、以下のとおりである。

①　１００日プラン

改革のリストを100日でまとめ、それを実行に移した。具体的には上場子会社の完全子会社化、赤字のテレビ事業からの撤退、火力発電設備事業の三菱重工との統合、などである。改革にはさまざまな抵抗が伴うが、経営者がぶれない覚悟でこれを進めた。正攻法で、「事業構造改革」(選択と集中)を進めたのだ。

② 投資家との対話

海外の投資家からの厳しい叱責と議論に耐え、またそこから多くを学び、苦心惨憺の末に3000億円の増資に成功して、自己資本を安心できる水準にまで回復させた。大幅赤字の結果、過去積みあげた自己資本が毀損し、自己資本が不十分の状態にあったのだ。日立といえども、自己資本が不十分の場合には、信用面での不安が生じる恐れがあった。正攻法で財務の立て直しを図ったといえる。

(3) 東芝

東芝も、リーマンショックを端とする事業環境の急激な悪化で、厳しい収益状況に追い込まれた。そこで経営者が社内に求めたのが、「チャレンジ」と呼ばれる損益改善である。これは、簡単にいえば、押し込み販売などによる決算数値のごまかしである。経営者が「こんな数字ははずかしくて公表できない」と叱責し、部下にごまかしを強要し、不適切な会計処理が行われたのだ。

日立と異なり、東芝の経営者は、その場限りのごまかしによって、当面の問題を先送りした。経営者に求められる正直さ、インテグリティ（誠実、真摯、高潔さ）に欠けた人物が経営者になってしまった悲劇といえる。

米国では性悪説にもとづいて、経営者を規律する仕組みが構築されている。実際、米国では、エンロン事件やワールドコム事件に見られるように、経営者が自らの利益のために不正を働く事例が散見される。そこで、経営者は社外取締役や監査法人によって、厳しく監視される体制が構築されているのだ。不正に対する罰則も重い。

わが国の大企業では、経営者が自らの懐を温めるために、不正に手を染める事例は少ない。カネボウ事件やオリンパス事件などを見ても、経営者は自らの私腹を肥やすためではなく、会社の存続、従業員の雇用維持のために不正を働いている。

このようなことから、わが国の大企業の経営者を、性悪説にもとづいて規律することには、実際のところ抵抗が大きい。コーポレートガバナンスの制度として、米国や英国の枠組みが取り入れられてきているが、実際には、経営者が不正をする者であるという前提で、運営がなされているわけではない。

東芝のように、経営者自らが不正を示唆、指示すると、わが国の大企業の場合には、なかな

図表 8-4　日立と東芝の当期純利益の比較

（単位：百万円）

決算期	日立	東芝
2008 年 3 月期	▲ 58,125	127,413
2009 年 3 月期	▲ 787,337	▲ 343,559 （▲ 398,878）
2010 年 3 月期	▲ 106,961	▲ 19,743 （▲ 53,943）
⋮	⋮	⋮
2015 年 3 月期	217,482	▲ 37,825
2016 年 3 月期	172,155	▲ 460,013
2017 年 3 月期	231,261	▲ 965,663

（注）1. 日立は 2014 年 3 月期から国際財務報告基準（IFRS）に移行。
2. 東芝は 2015 年 9 月に関東財務局宛て「訂正報告書」提出。
（　）内は、訂正後の数値。

出所：各社有価証券報告書から筆者作成。

か自浄作用が働かず、不正が蔓延してしまうリスクがある。だからこそ、わが国では、特に経営者が正直であること、インテグリティのある者であることが求められるのだ。

日立と東芝のリーマンショック後と最近の決算を比較したのが、図表8－4だ。一目瞭然だが、正直に赤字を計上して、正攻法で対応した日立は、その後立派に利益が回復したのに対して、その場限りのごまかしをした東芝は、その後の決算で、そのつけを払うことになった。

4. 自らの体験と想像力の発揮

梅岩の時代と現在では、変化の度合いとそのスピードが大きく異なる。梅岩は自らの体験を土台として教えを説いたが、現在は、自らの体験を土台とするだけでは足りない。このような時代には、想像力を発揮して先を予想して対応することが、何よりも重要となる。

ＡＩ活用の本格化、インターネットやソーシャル・ネットワーキング・サービス（ＳＮＳ）の普及などにより、人類がいまだ経験したことのない世界が現実に現れてきている。また、社会的公正を重視するミレニアム世代（主に米国で１９８０年から２０００年頃に生まれた世代）などの若い世代の価値観が、社会に与える影響も今後さらに増大するだろう。

これに加えて、中国の台頭、トランプ政権の政策など米国の変容、ベネズエラなど中南米諸国の債務危機、中東情勢の混迷と大量の難民発生など、世界情勢は混沌としており、企業が先を見越して安定した経営を行うことは、容易でない状況にある。

このような時代にあっては、自らの体験にもとづく思索だけでは足りない。幅広いことに関心を持ち、さまざまな人の意見を聞き、そして想像力を逞しくして、自分で考え行動することが大切である。企業には、さまざまなステークホルダーの意見を聞き、重要なことは取り入れ、そして先を見通したサステナブルな経営を行うことが求められる。

しかし、どのような時代にも通用する、いくつかの規範がある。本章では、そのうち、①有名な人の言葉や概念を金科玉条のごとく唱えて、自分自身で現実の姿を探索しない人（「文字芸者」）となってはいけないこと、②長期的視点、サステナブルな視点（「子孫繁栄の道」）が重要であること、③経営者が正直な経営を行うこと（「正直を守る」こと）が、サステナブルな企業発展に不可欠であること、を検討した。改めて梅岩の教えを噛みしめたい。

（林　順一）

Ⅱ　石門心学と現代経営

【第９章】石門心学とＳＤＧｓ経営

1．梅岩の思想

（1）梅岩の考えと商業道徳

第1章で示したように梅岩の「先も立ち、我も立つ」は、現代のＣＳＲにも通じる。最近、ＣＳＲへの取組みとしてＳＤＧｓの達成を目指す企業も少なくない。本章では、前章でも紹介したＳＤＧｓについて、梅岩の『都鄙問答』と『倹約斉家論』の記載内容を軸に、現在にも参考にし得る普遍性のある部分を抽出する。

梅岩は、商売の本質として、持続可能に収益をあげるためには、相手からの信頼を得たうえで継続的な関係の構築が重要であることを繰り返し述べている。

ＣＳＲなどの外来語を理解するうえで、日本にある伝統的な考え方を参考にしつつ腑に落としていく意味では、わかりやすい説明を心がける梅岩を読むことは、事の本質を理解するうえで参考になる。

梅岩の考えの基本は「勤勉」「正直」「倹約」である。商人道徳や商人のあり方についての梅岩のキーメッセージは、『都鄙問答』巻の二の「ある学者、商人の学問をそしるの段」の中で示す次のような部分であろう。

・文字を離れて考察して事の本質を見抜くべきである。
・理に従うべきである。
・知らないことは口にするな。
・餓死しても盗みをしないという信念に学べ。
・商人は愚直に生きるべきだ。

これらの基本に加え、「商人の売買益は武士の俸禄と同じ」であると言い、商人の社会的位置づけを明示した。

これに続いて、商人にとって道に外れてはいけない倫理について述べる。不当利得を得たり、「二枡使用」でごまかしたりすることのないよう、誠実さが基本である。これに触れる議論の流れの中で、次の有名な商人の心得の表現が出てくる。

「世の中の様子を見渡してみれば、外見は商人のように見えるが、その実態は盗っ人という者がいる。その点、『真の商人』は、先も立ち、我も立つ（相手もうまくいく、自分もうまくいく）ことを願うものである。ごまかすような商人は、相手をだましてその場を取り繕う。そういう者と真の商人とを同列に論じるべきではないのだ」

この「先も立ち、我も立つ」の「先」とは「相手」であり、意味するところは、要すれば相手との「ウィン・ウィン関係」の構築であろう。

（2）梅岩の考えと「世間」

この「世間のありさま」を見れば…というところが奥の深いところだ。

梅岩は、「商人の道」について世間との関連での位置づけを、次のように当時としてはきわめて大胆なとらえ方で述べている。

・士農工商の中で、商人は社会的職業として武士に劣るものではない。
・商人の蓄えた富の「主人」は商人個人ではなく「天下の人々」である。
・相場によって売値を上下させることは「天のなす所」であって「商人の私」ではない。
・正当な利益をあげ「職分」を勉めるなら天下に有用である（「定まりの利を得て職分を勉れば」「おのずから天下の用をなす」）。

このような考えは、現代の資本主義における企業と社会のあり方やＣＳＲのあり方につながるものであり、石門心学がその後の日本の企業人や日本人の精神に多大な影響を与えた所以でもあろう。

しばしば商業道徳に関連づけて「世間」や「天下」の観察が語られ、それを踏まえた対処法も説いている。

梅岩の世間の見方は奥が深い。日本人社会の源流にさかのぼることもできるので、梅岩の考えを現在に生かすとすれば、この「世間」の見方が重要な示唆ではないかと思われる。梅岩の時代以降ずっと流れている日本社会の底流ともいえる部分を考察しているからである。

（3）梅岩の考えと世界に通じる持続可能性の考察

新グローバル時代に国際的に多様な関係者と調整するための、「国際標準の」世間話のポイントは何か。それが「サステナビリティ」（持続可能性）という言葉である。

これを噛み砕くと、「世のため、人のため、自分のため、そして、子孫のため」を考え、行動するといった意味になるだろう。「子孫のため」という世代軸が入っていることが要点である。

梅岩は、この点でも、「商人といえども、人としての道を知らずに金儲けをし、しかも不義の金を儲けるようなことがあっては、やがて子孫が絶える結果を招きかねない。心底から子々孫々を愛する気持ちがあるなら、まず人としての正しい道を学んで家業が栄えるようにすべきであろう」（商人の道を問うの段）としている。これはまさに今でいう「持続可能性」のことである。

また、「御法を守り、我が身を敬《つつし》むべし」とも言って、倫理観を持って、法令順守に徹し、企業が短期的視点で考えずに過ちを犯さず、子孫に恥ずかしくない行動を説いている。

２００年以上続いた企業数など、長寿企業が日本は世界一といわれている。商家の共通願望は事業の継続にあり、梅岩の考えが底流にある企業が多いのであろう。

2. 梅岩の活動の特色

(1) 市井での講話、幅広い層への訴求

梅岩が後に「石門心学」と呼ばれる思想を説き始めたのは、第1章などで述べたように44歳の時という。方法も斬新であった。紹介不要で性別も問わない無料の講座で、自宅の一室で開くというものであったという。

百人を超す人々が男女別々に陣取り、梅岩とも弟子の手島堵庵ともいわれる先生の話に聞き入っている挿絵が多く残されているが、大変印象的なものだ。当時の聴衆の熱気を感じさせる

図表9-1　手島堵庵『前訓《ぜんくん》』の挿絵

出所：『日本教育文庫．心学篇』同文館、1910-1911年
（国立国会図書館デジタルコレクション）

（図表9－1）。

この挿絵から、現代風にいえば、「エバンジェリスト（evangelist）」梅岩という感じがする。エバンジェリストとは、もともとはキリスト教における伝道者のことだ。現代では、ＩＴ業界などで難しい話題を社内外に広くわかりやすく浸透させる人という意味から転用されて、より広義に使われ始めているという（参考：カオナビ「人事用語集」https://www.kaonavi.jp/dictionary/evangelist/）。

エバンジェリストのターゲットは、不特定多数の人々のことが多い。梅岩の市井でのいわば「無料セミナー」は、大勢の人を前にしたこの活動の先駆けだったかもしれない。

エバンジェリストに必要な能力、条件は、プレゼンテーション能力、対話能力、専門性に加え、学び続ける力であるといわれている。今後は、エバンジェリストの育成や活用が重要な局面が増えるので、梅岩の活動はその角度からも注目される。

（2）梅岩と教育

エバンジェリスト梅岩没後、門人たちが結束し、堵庵が中心人物となり、梅岩の教えを「心学」として組織体制を整えつつ浸透させていった持続可能な「運動」に育っていった手法は重要だ。現在持続可能な社会づくりへの教育者の育成が求められているので、心学伝搬の手法は現在に応用できるものであろう。

第1章でも述べたように、梅岩の教えを広げるうえで役立ったのが「心学講舎」である。一般民衆への道話の講釈と心学者たちの修業の場となった施設であり、１７６５（明和２）年に堵庵が「五楽舎」を開いたのが最初で、最盛期には全国に１８０ヵ所以上の心学講舎があったという。

梅岩の特色の一つが、このような広がりを持つ教育、訓練方法にあった。

リカレント教育（生涯教育）の重要性が叫ばれている現代においては、心学講舎的な教育手法も研究に値するのではないか。新グローバル時代に対応するため、改めて効果的な方法で「みんなで学ぶ時代」になったと思われる。いわば、心学講舎の手法を、国際的視野を持った「ＳＨＩＮＧＡＫＵ」にするのである。

3．梅岩の「発信型三方よし」

(1) 梅岩と世間

グローバル時代の中で日本でも価値観が多様化し社会が複雑化している現在、第4章で説明した三方よし「自分よし、相手よし、世間よし」の「世間」を見つめ直す時期に来ている。

世間については、「ムラ」社会、農村社会などを柳田國男が深く考察している。山本七平の『空気の研究』や谷沢永一の「世間」に関する分析も示唆に富んでいる。

また映画では、黒澤明監督の「七人の侍」に出てくる農村社会、「生きる」に出てくる官僚社会など、すべて日本特有の世間学の参考になる。

改めて自らの源流を考察するうえで、日本人は梅岩の「世間」考察に学ぶ点が多い。今グローバル時代の中で「世界的な世間」を話題にする前に、日本人社会の本質を再考する必要があるからだ。

この場合、日本には梅岩や三方よしがあり、これらに近い社是や経営理念の企業では、外来のＣＳＲやＳＤＧｓなどは必要ないのではないかとの見解も聞く。

類似の考えの源流が日本にあるので、梅岩の考えなどを引きあいにするとわかりやすい。この源流があればＣＳＲに通じるＤＮＡがあると理解できる。

ただ、問題は、その源流が今のグローバル時代に通用する「仕組み」として埋め込まれているか、さらには国際的に通用するものになっているのか、という点である。

もう一つの大きな課題が、日本には、「三方よし」という「相手」や「世間」を大事にする商文化が根づいている。一方、これとともに心得とされる「陰徳善事」、つまり「わかる人にはわかる」といった同質社会特有の行動様式があり、発信が抑えられてきたことが今では大きな課題だ。そこで筆者は、グローバル時代に通用するように「発信型三方よし」に切り替えていくべきと考えている。

この点で梅岩は「発信型三方よし」の実践者だったといえるのではないか。

（2）梅岩と世界

筆者らは、２０１８（平成30）年5月、亀岡市にある梅岩の生家の現在の当主・石田二郎氏を訪ねた。石田二郎氏の「石門心学開道舎」において、壁にかけられた一枚の写真に目が留ま

ベラーの「石門心学開道舎」訪問時の写真

筆者撮影

った。

第3章や第7章、第8章でも引用した米国の宗教社会学者ロバート・ベラーが2000（平成12）年にご夫妻で訪問された時の写真である。

ベラーによれば、梅岩は、正直に利益を得ることから繁栄がもたらされ、不正な利益を得ることから破滅が導かれると説き、日本人の中での資本主義の芽生えにおける精神的なバックボーンと指摘した。梅岩は世界的にも注目されているのである。

このような考察や紹介を積極的に行い、日本の思想の良さと普遍性を世界に伝えていくべきだ。日本では、三方よしや梅岩の思想を改めて見直し、これらの国際的なルールをこなす力量があることに自信を深めることができる。そして、的確な教育手法で浸透させていく際に梅岩も活用して理解の促進を図るべきだ。

国際ルールで足りない部分を補い、世界に通用する説明により、石門心学に根ざした国際ルールが生まれるかもしれない。このような提示を、外国人ではなく日本発で提起していきたい。それも本書の狙いである。

4．現代に通じる石門心学：ＳＤＧｓに通じる普遍性

(1) 激動の世界での持続可能性の共通言語ＳＤＧｓ

変化の激しい国際情勢の中で、今後の中長期的な企業の成長戦略を描くうえで羅針盤となる国際的な共通言語があると心強い。それが、第8章でも説明した今話題のＳＤＧｓである。

これは、２０３０年までの国際目標で、持続可能性に関する国際ルールの集大成である。地球上の誰一人として取り残さないことを誓い、発展途上国も先進国もすべての関係者で取り組む普遍的なものだ。

今や、世界でさまざまなルールや基準が作られ、良い内容のものはどんどん事実上の標準化（デファクトスタンダード化）していく時代だ。日本は世界発のルールに対応するだけでなく、これを「自分ごと化」して使いこなし、さらにはルールメイキングにも参画していくべきだ。

２０２０年東京五輪・パラリンピック（以下「東京五輪」と略す）を契機に、日本発の国際基

準ができてもいいのではないか。
そのために石門心学を見直してみるのも一案である。

（2）日本政府の世界的課題へのインプット

実は、最近日本の外交努力が実り、ルールメイキングでも貴重なインプットがなされている。

SDGsでも、「たとえば『誰一人取り残さない』とのキーワードは2030アジェンダ全体の根底に流れる基本方針となっているが、これは、わが国が国際社会で主導してきた『人間の安全保障』の理念が国際社会全体の目標の中に結実したものである」としている。今後は、新たな「日本型モデル」と呼ぶべきメカニズムを示していくとして、ルールメイキングにも意欲を示している（政府の「持続可能な開発目標（SDGs）実施指針」2016年12月22日より）。

今、前述した「リカレント教育」という言葉が叫ばれている。OECDでは、古くは1973年に「リカレント教育―生涯学習のための戦略―」がまとめられている。ラテン語currere「走る、流れる」が語源で、「re（再び）＋cur（走る）」、つまり回帰するという意味だ。「回帰教育」「循環教育」と訳されることもあるが、「学び直し」といったほうが、「生涯教育」よりも新鮮味があるのかもしれない。梅岩の教育は、まさに当時のリカレント教育の発祥ととらえることができるだろう。

なお、梅岩の時代には、町人の識字率が幕府の学問奨励策や寺子屋の普及などにより70％程度と推察され、世界の他の大都市に比較して非常に高い数値であったといわれている。しきたりに従った伝統を尊ぶ家業経営が世の中の第一の風潮で、これにもとづいて梅岩が心学を説いたことになる。心学が普及した背景には、その社会において識字率が高く、学ぶ環境ができていたことも忘れてはならない（萩原，２００９）。

(3) 梅岩の考えと地元亀岡市

２００９（平成21）年には、梅岩が京都で初めて講舎を開いて２８０年になるのを記念し、ＪＲ亀岡駅から梅岩の生誕地まで約11キロメートルが「石田梅岩心学の道」として整備された。亀岡市では経済団体などが協議会を組織し、梅岩や心学への理解を深めてもらい、町おこしにつなげようと取り組んでいる。道の駅「ガレリアかめおか」には心学講舎が再現されている。ＪＲ亀岡駅には梅岩像が鎮座し、訪れる人を出迎えている。

先日訪問時には、この像の隣に「明智かめまる」という明智光秀にちなんだ別のキャラが置かれていた。２０２０年のＮＨＫ大河ドラマは、明智光秀が主役の「麒麟がくる」に決定され

明智光秀ゆかりの谷性寺

筆者撮影

た。「心学の道」沿いに、「谷性寺《こくしょうじ》」（別名光秀寺）という古刹がある。不動明王がご本尊で、光秀は織田信長を本能寺で討つ決意をした際、「一殺多生の降魔の剣を授けたまえ」と誓願したといわれている。初夏には明智家の家紋である桔梗が咲き乱れ、「桔梗寺」とも呼ばれている。

亀岡市は、亀岡市民憲章を定め、その前文で「石門心学が生まれ、円山応挙の芸術が育まれた。城下町のたたずまいを色濃くとどめ、華麗な山鉾がめぐり、地域に根ざした芸能が息づいている。そんな亀岡に生きるわたくしたち市民は、こうした平安の営みを未来につなぐことを願って、市民憲章を掲げます」としている。

亀岡市は、２０１８（平成30）年は生涯

学習都市宣言30周年として一年間、記念事業を実施したが、東京五輪のオーストリアに対するホストタウンも務める。

（4）関西から世界へ　Baigan from Kansai

第４章の近江商人も関西に含めれば、梅岩の活躍した関西には特色ある老舗が多い。

おりしも、２０２５年国際博覧会（万博）に大阪誘致を掲げた日本が開催地に選ばれた。日本での大規模万博は、１９７０（昭和45）年の大阪、２００５（平成17）年の愛知以来３度目となる。投票に先立つ最終プレゼンテーションでは、日本から世耕弘成経済産業相が「大阪の万博は世界中の人がつながりあうための実験場になる」とスピーチした。パナソニックは、ソーラーランタンのＳＤＧｓプロジェクトをアピールした。

大阪万博が目指すものは次の2点である。

・国連のＳＤＧｓが達成される社会
・日本の国家戦略 Society 5.0の実現

このためには企業の創造性とイノベーションが必須であり、「いのち輝く未来社会のデザイン」をテーマに、サステナブルな未来に向けた商人力も試される。

（5）ＳＤＧｓの文脈で理解する梅岩

政府の「ジャパンＳＤＧｓアワード」の評価基準では、ＳＤＧｓの基本でもある次の5項目が重要だ。これに、梅岩の考えをあてはめてみよう（カッコ内に記す）。

・他にも応用が利くという「普遍性」（現代にも通じる商道徳や人間の生き方）
・関係者を結集する「参画型」（弟子と問答し伝承、多様な場所での講談、幅広い職業への考察）
・経済、社会、環境の3要素を含める「統合性」（当時の3要素があてはまり、特に経済合理性や本業の活用を強調）
・誰一人取り残さない「包摂性」（性別を問わず、さまざまな人を対象にしたのは当時としては画期的）
・さらに考えを広く伝える努力をしている意味での「透明性」（公に発信、著書を残す）

梅岩の考えと活動をこの基準で見てみると、実にすべてがあてはまり、梅岩はＳＤＧｓ的であったといえる。だからこそ後世に影響を与え続けている。

（6）ＳＤＧｓ活用の「発信型三方よし」による「協創力」

今、世界ではＳＤＧｓへの対応が加速化している。グローバル企業の多くは、ＳＤＧｓを共通言語として活用しビジネスチャンスを生み出す一方、社会・環境リスクを回避するなど、経済価値と社会価値を同時に獲得する「共有価値の創造」（CSV：Creating Shared Value）を実践している。ＳＤＧｓに対応しなければ世界の流れに取り残されてしまう時代になった。

もはや企業や自治体にとって、国連で定められたＳＤＧｓに取り組むことは、マルチ・ステークホルダーに的確に対処するための必須要件となった。プレーヤー（経済主体）の演技にたとえれば、いわば「規定演技」ととらえてよいのではないか。今後は、それぞれが独自性のある「自由演技」、つまりさらに良くするためにどうするかといった、新たなＳＤＧｓに向けて、どう向きあっていくかが問われる時代だ。

このために有効な「発信型三方よし」の実践のため各関係者が押さえるべきポイントは次のとおりだ。

・企業は、本業ＣＳＲと共有価値の創造の両刀使いで新たな競争戦略を目指す。
・自治体は、企業などの協創力をうまく生かし「稼ぐ力」をつける。
・各関係者は、一丸となって協力し「協創力」を発揮する。

発信力と気づきにより関係者が連携し共有価値を生む時代の到来だ。エバンジェリスト梅岩に倣った「発信型三方よし」による「協創力」、それが日本創生の要諦である。

ＳＤＧｓの浸透などが重要となっている現在、日本にはもともと梅岩のようにサステナビリティの源流となる思想家がいたという事実は、日本人にとって励みになるのではないか。また、「発信型三方よし」の実践者であった梅岩に学ぶ手法も多いのではないかと、心学の道を歩きながらしみじみ感じた。

（笹谷秀光）

謝辞

資料収集などでご協力いただいたＪＦＥスチール・伊藤園ＯＢで筆者の友人である内野和博氏に感謝申しあげる。

Ⅱ 石門心学と現代経営

【第10章】 石門心学と顧客満足

1.『都鄙問答』と顧客満足

(1) 商業の社会的意義

本章では、顧客満足の視点から、梅岩の石門心学と現代経営とのかかわりをみていく。

第1章や第2章で記述したように、梅岩の思想を体系化したものが石門心学である。この心学思想は当時の商人たちに受け入れられ、広まっていった。その一つが第4章でも記述した「三方よし」の思想で知られる近江商人であり、高島屋、伊藤忠商事、武田薬品工業など、現代のわが国の経済を牽引する大企業に発展している。したがって、梅岩の心学思想を紐解くことは、現代のわが国の多くの企業が大切にしている「価値観」を理解するために重要であることとは論をまたない。

江戸時代の身分制度は士農工商の言葉で表現される。近年、これは単に支配階級である士と、被支配階級である農工商の区別を意味し、被支配階級における農工商の順番に特段の意味はなかったのではないかと主張する研究者もいるが、商業という仕事を蔑んで見る風潮はあったようである。

森田健司（2015、99頁）によると、江戸時代中期の儒学者である荻生徂徠が八代将軍徳川吉宗に献上した意見書『政談』において、「（商人は）職人や百姓と違い、もともと骨を折らずに座ったまま利益を獲得しようと考えるものである。（中略）商い自体をせず、ただ手数料を取るだけの仕事などもしている」と記し、商人は生産に携わっていないにもかかわらず、利益を上乗せするため物価が高騰していると批判している。また、平田雅彦（2005、41頁）によると、山鹿素行は「只、利を知りて義を知らず、身を利することのみ心とす」と批判している。

このように、第3章で説明した賤商思想が一般的であった江戸時代中期、梅岩は『都鄙問答』の巻の一「商人の道を問うの段」で次のように述べている。「自分のところで余った物を、不足している物と物々交換することで相互間に流通させた」。つまり、商人は商品の流通によって市民の生活範囲を拡大させた。これは農家が農作物を生産し、また職人が建物を作ることで見いだされる社会的価値と同様である。

また、「商人は（中略）一銭たりとも軽視するようなことを口にしてはならない。そうした日々をこつこつと積み重ねて富を蓄えるのが、商人としての正しい道である」と述べている。
さらに、巻の二「ある学者、商人の学問をそしるの段」では、「商売は正しい方法で利益を上げることで成り立っている。正しい方法で利益を上げるのが商人としてまっとうな生き方であり、利益を上げられないのは正しい商人の道とはいえない」と説いている。一方で、「商人は、国の法を守り、わが身をよく慎まなければならない」と強く戒めている。

正直と倹約によって得た利益は、武士の俸禄と同じである。商人は、正しい方法で商売を行い、一銭一銭を軽視することなく積み重ねて、富を築くのが正しい道である。商人が蓄えた富に対する批判が強かったこの時代に、賤商思想に対峙するような言葉を著述することは、さぞかし勇気が必要だったのではないだろうか。だからこそ、不正な利益を得ている商人の具体的な事例を示して、不義の金を儲けることを戒め、正しい商人道を学ぶ必要性を説いている。

（2）顧客満足

顧客満足に関して、梅岩は『都鄙問答』の「商人の道を問うの段」で「『富の主人』は誰かというと、世の中の人々である」、「商品の良さが次第にわかってくると、金を惜しむ気持ちはいつの間にかなくなるはず。金を惜しむ気持ちが消え、いい買い物をしたという思いへと自然に変わるのである」と論じている。

また「ある学者、商人の学問をそしるの段」で、商人としての心得を問われた梅岩は次のようにも述べている。「自分を養ってくれる顧客（商売相手）を粗末にすることなく、心を尽くせば、十中八、九は先方の心に訴えるはずだ。先方の気持ちに添うような形で商売に精魂込めて日々努めるなら、世渡りするうえで何も案じることなどない」。

すなわち、商品を買ってお金を払ってくれるのは世の中の人々であり、お客さまに喜んでいただくことでお金をいただける。したがって、富の主はお客さまである。自分のことではなく、顧客を第一に考え、顧客に寄り添って、良い商品を提供するのなら、きっと顧客は良い買い物をしたと思うようになる。そうなれば商売は安泰である、という主旨である。

また、「『真の商人』は、相手もうまくいき、自分もうまくいくことを願うものである」とも述べている。平田雅彦（２００５、93頁）は、これを「共生」の思想であると論じている。商売はまず顧客が喜び、取引先も喜び、その結果として自身の利益につながるのである。

梅岩が先駆的に説いた、正直、倹約、コンプライアンス、顧客満足、そして共生は、前述した近江商人の「三方よし」の思想として受け継がれ、わが国の現代企業の価値観として根づいている観がある。

2. 顧客満足実現のための顧客生涯価値型事業

梅岩が説いた、「顧客に寄り添って、良い商品を提供する」ことは、現代企業においてどのように実現しているのであろうか。まずはマーケティング論の発展系譜を探ってみることとする。

(1) マーケティング論の発展系譜

顧客の視点からの企業活動は「カスタマー・アウトの思想」と呼ばれている。『マーケティング・マネジメント』(フィリップ・コトラー、1983)は、顧客や市場の細分化(マーケット・セグメンテーション)による顧客ニーズの把握と、適時、適切な商品の提供の重要性を説いた。1980年代後半からDBM(Database Marketing)などが提唱され、顧客情報を統計的に分析し、より効率的なダイレクト・マーケティングを行うことが可能となった。

そして、1990年代後半にはワントゥワン(One to One)・マーケティング、CRM(Customer Relationship Management)に発展している。ワントゥワン・マーケティングは、顧客一人ひとりの嗜好、価値観、購買履歴などを分析し、個々人のニーズに合った商品、サービスを提案する手法であり、CRMは顧客満足度を向上させることで、長期的に顧客との良好な関係を築くマネジメントである。

三谷宏治（1999）は、顧客の生涯にわたる価値を追求する、顧客生涯価値（Life Time Value：LTV）型事業を提唱した。顧客生涯価値とは、顧客あるいは潜在顧客が生涯にわたって当該企業をどれだけ頻度高く利用してくれるかを、一人の顧客（個客）の視点でとらえる事業であり、従来の「規模の経済」と対比して「深さの経済」としてとらえられている。

生産規模や販売規模によらず、対象顧客への浸透度と時間的かつ空間的なカバレッジによって顧客との関係の深さが決まるため、その競争優位性は市場の成熟度に関係なく、特に伝統産業市場や寡占市場において挑戦者がリーダー企業を逆転する可能性があるといわれている。

顧客生涯価値型事業の発展の源泉は、顧客満足の向上による信頼の獲得である。そのために、企業は、一人ひとりの顧客の課題を把握し、その課題に対応する商品、サービスを適時に提供する必要がある。個々の課題への対応は、「節目需要」「逸失需要」の獲得を意味し、また企業を信頼する顧客は口コミで新たな顧客を連れてきてくれる（顧客の代理店化）。その結果、顧客が複利式金利のように増加し、また一人の顧客が当該企業を頻度高く利用するようになるため、売上額もインテグラル・カーブを描いて拡大する。

このように、顧客生涯価値型事業の発展の源泉は、顧客の「信頼」である。したがって、一旦信頼を失うと顧客は離れ、売上が逆インテグラル・カーブを描いて減少するリスクを抱えている。

(2) 顧客生涯価値型事業における顧客満足の重要性

好例として、ベネッセコーポレーションのマーケティングがあげられる。出版業界における従前の競争優位性の源泉は、「販売部数」である。雑誌を例に取ると、大量に販売することで製造コストが下がるとともに、広告収入が増大する。売れる雑誌は書店がお客さまの目に触れる場所に広いスペースをとって展示してくれるため、さらなる販売増につながる。このように、従前、出版業界は「規模の経済」のもとで競争していたため、新興出版社が一定のシェアを獲得することは容易ではなかった。

しかし、ベネッセは、書店を介さず、顧客に直接アプローチし、定期的に書籍を届けるシステムを構築した。そのうえで、商品、サービスの顧客満足を追求することで、継続的に購入してもらうダイレクト・マーケティングの手法を確立した。

嶋口充輝ら(1998)によると、進研ゼミ(幼児~高校生向け通信教育講座)では、顧客維持率(たとえば4月号を購入した顧客が5月号も購入する率)は90%を超えている。ロイヤルティの高い顧客は「口コミ」で新規顧客を連れてくるため、顧客が自然に増加した。

この間に醸成された顧客ロイヤルティは、その子供を進研ゼミへとリピートさせる。子供の

図表10-1　顧客のライフステージで発生するニーズと対応する商品：ベネッセ

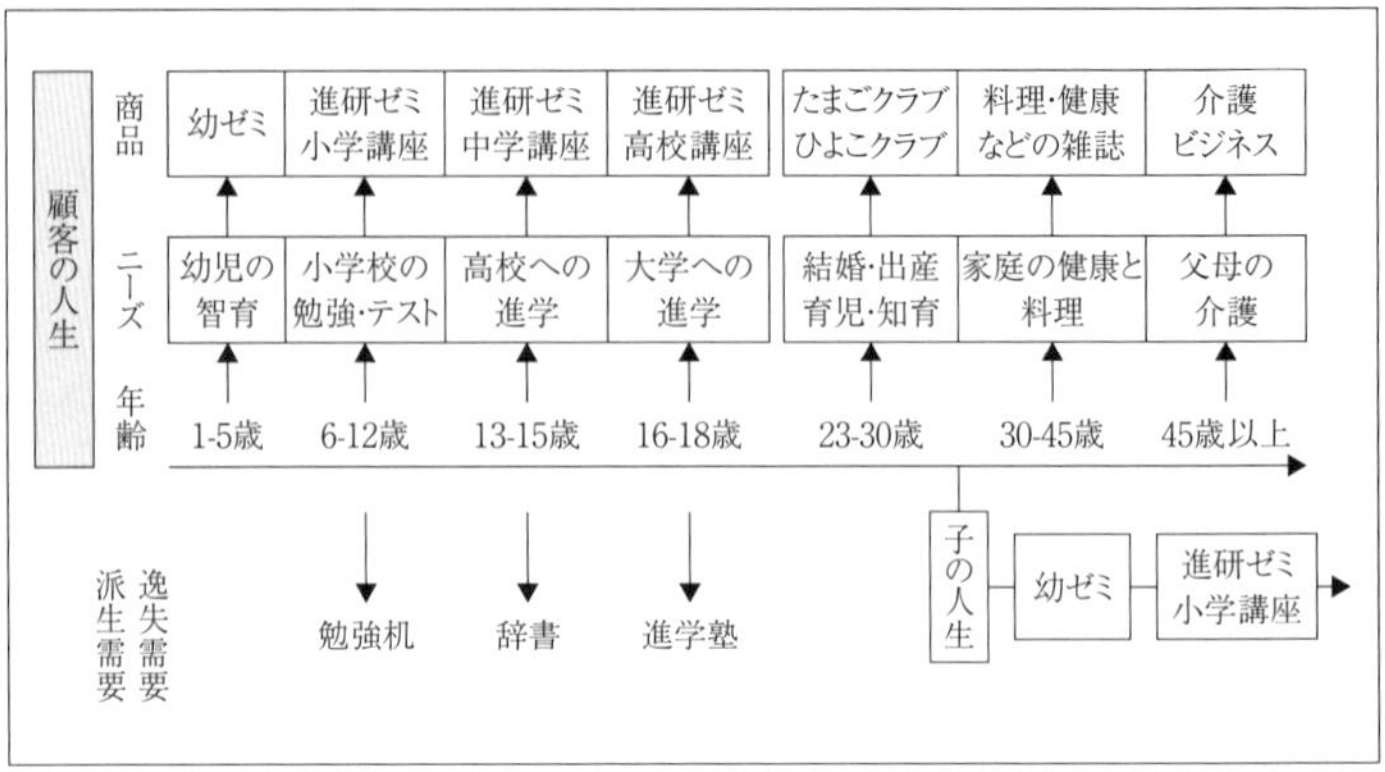

出所：嶋口・竹内・片平・石井（1998）、および公表資料にもとづき筆者作成。

教育教材の購買決定権者は「母親」であることが多いため、母親が進研ゼミのロイヤルユーザーであった場合、その子供を進研ゼミ会員にする可能性は高くなる。

また、同社は顧客の人生の各シーンで発生する需要、たとえば小学校で必要となる学習机、中学で必要となる辞書などの節目需要や逸失需要を獲得するための商品をそろえている。さらに母親自身の人生の節目に発生するニーズに応える商品もラインナップしており、ロイヤルユーザーが同社にもたらす利益は計り知れない。

このように成熟市場である出版市場に後発として創業した同社は、顧客満足の徹底的な追求により発展を遂げたと考えられる。

一方、2014（平成26）年7月に発生した顧客情報流出事故は、同社に大きな損害をもたらした。報道によると、ピーク時には420万人程度であった進研ゼミの会員数は、2015（平成27）年9月には35％程度減少したそうである。同社は、顧客の信頼を守るために、長年にわたって多大なセキュリティー投資を行っており、学会でも情報セキュリティー先進企業として評価が高かった。その同社において顧客情報流出事故が発生したことは残念でならない。早期の信頼回復を祈念したい。

3．近年の企業不祥事の傾向

梅岩は『都鄙問答』巻の二「ある学者、商人の学問をそしるの段」において、「上に立つ者の潔癖さを規範とするのは、遠い昔からの人の道である」と述べ、具体的な事例を示して厳しく戒めている。梅岩自身もリーダーとして、このような行動を実践している。日野健太（弦間明・小林俊治監修、日本取締役協会、2006、96頁）によると、京都の黒柳家に勤めている時「夏は一番暑い部屋の奥、冬は一番寒い窓のそばと、他人のために快適な寝床を譲り、自分は寝苦しい場所で寝ていた」というエピソードを紹介し、無私の人柄を紹介している。

近年、経営者による企業不祥事が散見される。たとえば、2011（平成23）年に発覚したオリンパス不正会計事件、経営者の特別背任罪が成立した大王製紙事件、2015（平成27）

年の東芝不正会計事件、2018(平成30)年に発覚した日産自動車不正会計事件などである。森田健司(2015、226頁)の現代語訳を引用するならば、『倹約斉家論』において梅岩は「教え導く時は、自分から聖賢の道に入って、礼儀をわきまえなければならない」と諭している。

これは、経営者自身が学ぶ努力を行うとともに、従業員に対しても商人の正しい道を教え示していくことも意味している。経営者が従業員に対して、正直、倹約、コンプライアンス、顧客満足、そして共生などの「価値観」を共有する努力が必要である。

近年の企業不祥事には傾向がある。それは、以下の2項目であると思われる。

①親会社(本社)>子会社>孫会社>委託先という価値観の温度差

②経営層と現場の意識差

2013(平成25)年に発覚した阪急阪神ホテルズのレストランにおける表示問題、2015(平成27)年に発覚した旭化成建材の施工報告書データ書き換え問題など、子会社、孫会社、委託先などが直接の原因だが、グループのクライシスとして親会社が謝罪するような事例が増えている。子会社、孫会社、委託先というように、親会社との関係が薄くなるに従って、グループとして大切にすべき価値観が薄くなっていくのだろう。

また、多発する品質偽装問題のように、長期間、現場で受け継がれた常識が、経営層の意識や社会常識と乖離しているために発生した事件も散見される。

これには、わが国の企業を取り巻く法にも原因がある。2005(平成17)年に成立した会社法では、大会社および委員会設置会社に対して「内部統制の基本方針」の取締役会での決議を求め、また2006(平成18)年に成立した金融商品取引法では、有価証券報告書提出会社(多くは上場企業)に対し「内部統制報告制度」が義務づけられた。これが大会社、委員会設置会社、および上場会社の経営者に対して、コンプライアンス経営を促すモチベーションになっている。

一方で、非大会社、非上場会社の経営者にはこのような法のプレッシャーがほとんどかかっていない。これは、いわゆる「中小企業」を中心とするカテゴリーであり、わが国においては約180万社、全会社数の99・3%を占めている。

このような状況のなか、親会社の経営者は、子会社等や現場従業員とのコミュニケーションを図り、価値観とコンプライアンス意識の共有を図らなければならない。

4. 経営者による価値観共有のための活動

親会社の経営者による、子会社等や現場従業員との価値観共有のためのコミュニケーション施策の好例を紹介したい。たとえば関西電力は、2012〜16（平成24〜28）年までの5年間で約260回、取締役が現場の事業所を訪問し、経営方針とCSR経営に関する議論を行って、価値観の共有を図っている。これを「CSRキャラバン」と称している。このような地道な取組みは、同社における組織ヒエラルキーの確立による安全性の確保と、風通しの良い社風の醸成による、バランスのとれた組織風土を作りだしている。

日本ガイシは、「CSRトークライブ」と称して、代表取締役がグループ会社従業員との双方向コミュニケーションを行うイベントを定期的に行っている。2017（平成29）年度はこのイベントを9回実施した。

東日本電信電話は、毎年の事業計画策定時に、代表取締役が全事業所を訪問し、事業計画の内容とともに、コンプライアンスやCSRに関する考え方を直接従業員に説明している。

一方で、多店舗展開でB2C事業を行う企業は、経営者が個々の事業所を訪問し、従業員と直接コミュニケーションを行うことは困難である。そのような会社の好事例を紹介したい。

アデランスは、日本国内外に多数の店舗を有しており、顧客への販売とサービスを行っている。前述のように役員が個々の店舗を訪問して、直接従業員とコミュニケーションを行い、価値観を共有することは困難である。そこで同社は、スーパーバイザー制度を導入している。エリアを担当するスーパーバイザーは、定期的に店舗を訪問し、店舗経営の指導を行うとともに、同社の経営理念やクレドの価値観を共有する仕組みを構築している。

同社グループの経営理念の一節に「私たちが目指すもの　最高の商品　最高の技術と知識　心からのおもてなし」と記されている。これは、顧客満足により信頼を獲得することを主な目的としている。しかし、「心からのおもてなし」とは、具体的にどのような接客で、なぜこのような接客をするのかは、店長会議で説明しても現場の技術者にまでなかなか伝わらない。そこで、スーパーバイザーが店舗を定期的に訪問し、この価値観を具体的に伝え、共有する役割を果たしている。

このように、事例であげた企業は、それぞれの業態や特長にあった価値観共有の方法を模索し、実効性のある対策を地道に行っているのである。

2010年に欧州委員会が公表した「特に技術発展に焦点をあてた、新たなプライバシーの課題への異なるアプローチの比較研究」において、オーストラリアのニューサウスウェールズ大学のグレアム・グリーンリーフ教授が、わが国の個人情報保護法の十分性に関する調査結果を公表している。グリーンリーフは同報告書において、わが国の企業は、「法律違反による罰金や集団訴訟よりも、風評リスクによる損害のほうが重要」であり、わが国の法律が有効であるとの根拠を見いだせなかったと指摘している。

筆者は、この評価は合理的であると思う反面、疑問を禁じ得ない。わが国の企業にとって重要なのは「社会との関係」であり、多くの日本企業は長く商売を続けるために倫理的な行動をとっている。その本質は、梅岩の教えから発展した「商人道」にもとづく価値観ではないかと思う。

韓国銀行が2008年5月に公表した報告書「日本企業の長寿要因および示唆点」によると、創業から200年を超える企業は世界に5586社あり、そのうち3146社（56・3%）は日本企業であった。石門心学を紐解くことで、企業が長く発展を続けるための要因をうかがい知ることができるのではないだろうか。

（高野一彦）

Ⅱ 石門心学と現代経営

【第11章】 石門心学とダイバーシティ経営

1．梅岩とダイバーシティ経営

本章では、最近、従業員の視点で注目されるダイバーシティ（多様性）の問題をとりあげる。

本書プロローグや第1章で既述のように、梅岩は、1729（享保14）年、京都に学び舎を開いた。その際に「老若男女共に望みあらば無縁の方々も聞かれるべし」との看板を学び舎に出し、男性のみならず、女性や高齢者の受講を認めた。ある学者が「儒書が女の耳に入るものか、めずらしき書付けなり」とけなした際には、梅岩は「いにしえの紫式部、清少納言、赤染衛門などを、その学者は男と思われているのだろう」と反論したという。

受講者の女性の中には、後に講師となった慈恩尼もいた。梅岩亡き後、約10年にわたり江戸で梅岩の教えを広く伝えたという（清水正博『先哲・石田梅岩の世界─神天の祈りと日常実践』2014)。儒教は男性の学ぶべきものであり、女性はお嫁に行くために必要な習い事をするものという当時の常識からは、女性の受講を認めるという現代のダイバーシティ、多様性に通じる梅岩の考え方は、きわめて画期的なものであった。

梅岩の教えである「勤勉」「正直」「倹約」は、今日の日本人の美意識、倫理観にも深い影響を与えている(堺屋、2006)。しかし残念ながら、梅岩のダイバーシティの考えは、日本人に浸透することはなく、最近まで注目されることはなかった。

現代経営の最重要課題の一つが、従業員満足度を高めることにより従業員の生産性を高めることにある。この観点から着目されているのが、ダイバーシティ経営である。ダイバーシティ経営とは、「多様な属性の違いを活かし、個々の人材の能力を最大限引き出すことにより、付加価値を生み出し続ける企業を目指して、全社的かつ継続的に進めていく経営上の取組」をいう(競争戦略としてのダイバーシティ経営の在り方に関する検討会「ダイバーシティ2・0検討会報告書」)。

伝統的な日本企業は、新卒の日本人男性を経営の中核を担う人材として採用し、社内で育成のうえ経営幹部として登用してきた。女性社員や中途採用社員は、あくまで組織を補強する存在に過ぎず、経営の中核を担うことはなかった。

これに対して、昨今注目を浴びているのがダイバーシティ経営である。もともと米国において、社会的少数者（マイノリティ）や女性の積極的な登用、差別の排除を実現するために広がった概念であるが、現在では、組織における多様性を実現しようとする概念ととらえられている。具体的には女性、高齢者、外国人、障がい者などさまざまな人材の活用を目指すものである。

国内の少子高齢化のもと、人手を確保するため女性や高齢者を採用している企業、また、海外の消費者のニーズや消費決定権を主に握っている女性のニーズに合わせるために推進している企業も多い。さらに、外資系企業や日本を代表する多国籍企業では、海外で売上全体の半分以上をあげ、また多くの外国人が働いており、人権という側面においても外国人社員の活用は喫緊の重要な課題である。

従来の日本企業にも女性の活用というものは存在したが、企業イメージアップという要素が強く、昨今注目されている組織における人材の多様性の実現を通じて、企業の競争力を高めようというダイバーシティ経営とは異なる。

2. 日本政府の取組み

2012（平成24）年から、経済産業省はダイバーシティ経営によって企業価値向上を果たした企業を表彰する制度として「ダイバーシティ経営企業100選」を設け、ダイバーシティ経営の啓蒙活動を推進している。

また、2015（平成27）年8月、厚生労働省は「女性の職業生活における活躍の推進に関する法律」を成立させた。この法律は、職業生活と家庭生活との両立を図るために必要な環境の整備とその両立に関し、本人の意思が尊重されることを企業に求めるとともに、女性に対する採用、昇進などの機会の積極的な提供、およびその活用が具体的に実現することを企業に求めている。そのため、具体的な数値目標を含む女性活躍の「事業主行動計画」を策定し、公表することを規定している。そして、同法の優良企業と認定された「えるぼし認定企業」は公共調達などで優遇措置が取られている。

さらに2017（平成29）年からは、経済産業省に「競争戦略としてのダイバーシティ経営の在り方に関する検討会」が立ちあげられた。そして、ダイバーシティ経営を啓蒙段階から実践段階へ移行すべく、その指標としての「ダイバーシティ2・0行動ガイドライン」がまとめられた。

そこには、実践のための7つのアクションが記載されている。

第一に、経営戦略への組み込み。経営トップは、ダイバーシティが経営戦略に不可欠であること（ダイバーシティ・ポリシー）を明確にし、KPI（重要業績評価指標）、ロードマップを策定するとともに、自らの責任で取組みをリードする。

第二に、推進体制の構築。ダイバーシティの取組みを全社的、継続的に進めるために、推進体制を構築し、経営トップが実行に責任を持つ。

第三に、ガバナンスの改革。構成員の多様性の確保により取締役会の監督機能を高め、取締役会がダイバーシティ経営の取組みを適切に監督する。

第四に、全社的な環境、ルールの整備。属性にかかわらず活躍できる人事制度の見直し、働き方改革を実行する。

第五に、管理職の行動・意識改革。従業員の多様性を活かせるマネージャーを育成する。

第六に、従業員の行動・意識改革。多様なキャリアパスを構築し、従業員一人ひとりが自律的に行動できるよう、キャリアオーナーシップを育成する。

最後に、労働市場、資本市場への情報開示と対話。一貫した人材戦略を策定、実行し、その内容、成果を効果的に労働市場に発信する。投資家に対して企業価値向上につながるダイバーシティの方針、取組みを適切な媒体を通じ積極的に発信し、対話を行う。

3. ダイバーシティ経営の深度

単に女性、高齢者や外国人を採用すれば、ダイバーシティ経営が実現され、従業員の生産性が高まり、どの企業も業績を伸ばせるという単純な話ではない。「ダイバーシティ2・0行動ガイドライン」に記載されている実践のための7つのアクションの例のように、経営者による具体的な采配を通してはじめて実現されるものである。

早稲田大学教授の谷口（2008）は、企業におけるダイバーシティ経営の取組みの深度を「抵抗」「同化」「多様性尊重」「分離」および「統合」という次の5段階で整理している（図表11－1）。ダイバーシティ経営の深度は、多様な人材が生き生きと活躍しているか否かを図るものであるから、従業員満足度の指標ともいえる。

第一の「抵抗」は、多様性に対し何ら取組みを行わない状態である。多くの場合、心の中に差別意識を持ち、社会的要請に対してもあえて見て見ぬふりをしている。

第二の「同化」は、法律順守の姿勢を示す防御的な状態である。女性を男性化し、外国人を日本人化し、同化させることによって法令を順守する。

第三の「多様性尊重」は、違いの存在を認めるが、その活用にまではいたらない状態であ

図表 11-1　ダイバーシティ経営の深度

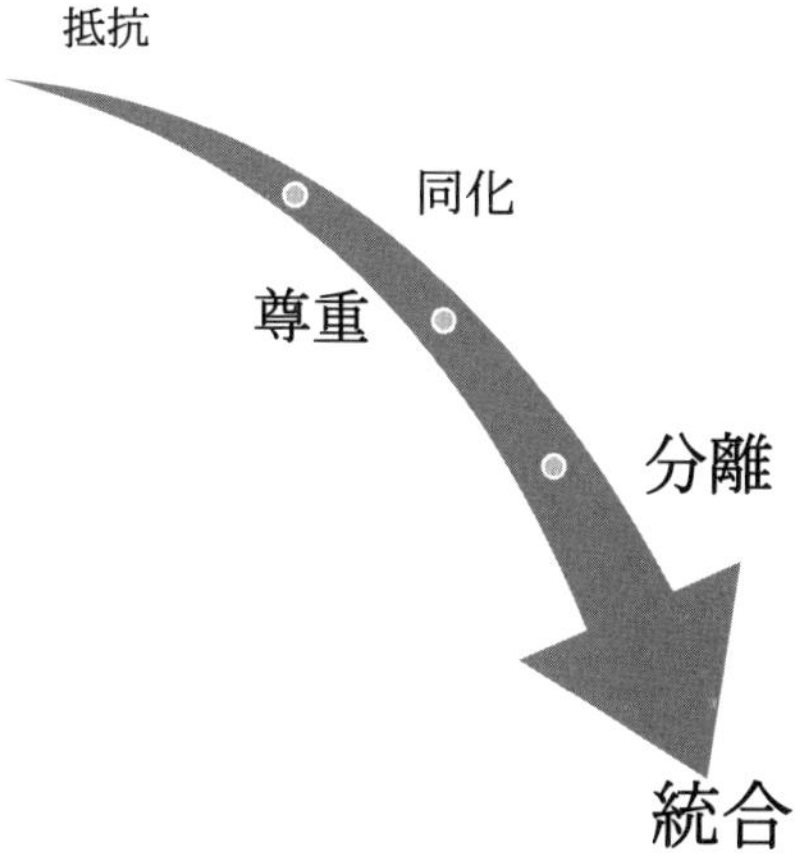

出所：谷口（2008）にもとづき筆者作成

る。多様な人が存在しているだけで活かされているというわけではない。

第四の「分離」は、違いをビジネスに活かすようになる。マイノリティとマジョリティを分離して、マイノリティを純粋培養的に育て、マイノリティ市場向けのサービス開発を行うような段階である。女性ばかりのチームを作って、女性顧客にアピールするような施策がこれにあたる。

最後の「統合」は、違いを全社的に活かすために、あえてマイノリティとマジョリティとを混在させて、それぞれの特性を組み合わせて事業に活かしている状態である。たとえば、若手と高齢者を組み合わせて一つのチームにして、お互いの不得手な部分を補い、強みを活かしあうというようなケースである。

ダイバーシティ経営の到達すべき段階は、「統合」であるが、多くの日本企業はまだ「多様性尊重」という第三段階にとどまっている（谷口、２００８）。

４．茶道、医療とダイバーシティ

（1）茶道とダイバーシティ

作家・森下典子の人気エッセイ『日日是好日《にちにちこれこうじつ》―「お茶」が教えてくれた15のしあわせ』が「日日是好日」として映画化された。映画では、女優・黒木華の演じる大学生が母親に勧められて茶道教室に通い、茶道の奥深さに触れ、成長していく姿が描かれている。

梅岩が活躍した時代は、裏千家の四代目を継いだ千宗室が加賀百万石の大名前田家に茶道奉行として仕え活躍した時代である。宗室は、日本に輸入された茶の湯をわび茶という形に完成させた千利休亡き後、さらにこれを発展させた利休の孫、宗旦の四人の子供の末子である。

現在、裏千家には学校茶道などを通じて多くの女性の受講者が存在するのみならず、国際茶道文化協会を設立し、多くの外国人も参加し隆盛をきわめている。このようにダイバーシティが実現され、大きな混乱もなく受け入れられているのはなぜか。

そのヒントは、千利休の唱えた「四規」と呼ばれる茶道の経営理念に相当する「和敬清寂《わけいせいじゃく》」

図表11-2 茶道の経営理念

四　規
和　敬　清　寂
利休七則
茶は服のよきように点て
炭は湯の沸くように置き
花は野にあるように
夏は涼しく冬は暖かに
刻限は早めに
降らずとも雨の用意
相客に心せよ

出所：筆者作成

にあるように思われる（図表11－2）。

「和」とは、平和、調和。男性、女性、高齢者、外国人など問わず、お互い同士が協力するということであり、ダイバーシティにもとづくチームワークである。「敬」とは、お互いを尊敬するということであり、リスペクトである。「清」とは、読んで字のごとく、清らかな気持ちを持つという意味である。換言すれば、高潔性、現代風にいえばインテグリティであろうか。「寂」とは、どんな時にも動じない気持ちを持つことである。

利休の生きた戦国時代は、梅岩の時代同様、身分制度の厳しい時代であった。このような時代に、みんな一緒に、お茶室で無の気持ちを持って、和のこころでお茶をいただく。そのように指導したのがこの哲学である（千玄室『茶のこころを世界へ』２０１４）。

茶道においては、このような「和敬清寂」というお茶の精神を、お点前をする際に、または客になった時に考え実践するのである。そこには、「和敬清寂」というお茶の精神が単なるお題目ではなく、茶道を行う者たちの企業文化ならぬ茶道文化として根づいているのである。茶道を行う者で「和敬清寂」というお茶の精神を知らない者は一人もおらず、常に意識して言動を行っている。

筆者の茶道の師匠・前田宗玲のお点前。帛紗《ふくさ》を捌《さば》き、棗《なつめ》を清め、茶杓《ちゃしゃく》を清め、師匠はごく自然に、お茶を点てている。その動きには無駄がなく品があり、その動作からは「和敬清寂」というお茶の精神の香りがし、思わず見惚れてしまう。筆者は、お点前の手順はもとより帛紗捌きから指導を受けている茶道のビギナーである。お点前に集中しながら、師匠から指導を受けることが心地よい。企業において上司が部下を指導したとき、どの程度の部下が同じように感じてくれようか。「和敬清寂」というお茶の精神が茶道文化として根づいている証左である。

これを現代の企業にあてはめて考えてみる。ダイバーシティを尊重する会社の経営理念ないし価値を設定し、これを役員、従業員が日々の業務で考え実行し、企業文化として組織に根づくまで実践するということではなかろうか。こうなれば、従業員が信じる会社の経営理念ないし価値にもとづき仕事ができているわけであるから、従業員はハッピーで満足度は高くなる。

２０１８（平成30）年、第8章で述べた、英国のコーポレートガバナンス・コードが改訂され、会社の価値が企業文化として定着することの重要性が明記されたのも同じ趣旨だと思われる。この見地からすれば、「我が信条（Our Credo）」という会社の経営理念が企業文化としてしっかり根づいていることで有名な米国優良企業のジョンソン・エンド・ジョンソンがダイバーシティ経営を推進し、この分野で高く評価されていることは当然といえよう。

豪英資源大手ＢＨＰビリトンは、物品やサービスの調達にあたり「ダイバーシティ」を取引先企業の選定基準の一つとし、女性をはじめ、多様な人材の活用に積極的なダイバーシティ経営企業に優先して仕事を発注している。ダイバーシティ経営が進まない企業への投資を控える動きが欧米を中心に強まっている。ダイバーシティ経営が nice to have（あるとよいもの）から must（必須）の経営アイテムに移行しようとしている。今は、まさに時代の変革期なのだと思う。

（2）医療とダイバーシティ

２０１８年7月18～20日、東京でアジア太平洋経済協力会議（Asia-Pacific Economic Cooperation、以下「ＡＰＥＣ」という）主催の「中小企業のためのビジネス倫理イニシアティブ」のフォーラムが開催された。これは、ＡＰＥＣに加盟する21エコノミー内のヘルスケア業界に倫理的な市場を構築することを目的とする２０１０年から２０２０年までの10年間のプロジェクトである。

APEC「中小企業のためのビジネス倫理イニシアティブ」のフォーラム（前3列中央が筆者）

出所：APEC 事務局所蔵

この中で、同年7月20日、「日本における倫理的連携のためのコンセンサス・フレームワーク」が日本難病・疾病団体協議会、全国がん患者団体連合会、日本看護協会、日本製薬団体連合会、日本医療機器産業連合会、日本薬剤師会、日本医師会および厚生労働省の署名のもと設立された（図表11－3）。

これは、2014年1月に、国際患者団体連合（International Alliance of Patients' Organizations）、国際看護師協会（International Council of Nurses）、国際製薬団体連合会（International Federation of Pharmaceutical Manufacturers and Associations）、国際薬剤師・薬学連合（International Pharmaceutical Federation）、および世界医師会（World Medical Association）の5つの支持団体が署名したグローバル版のコンセンサス・フレームワークの国内版である。

図表 11-3　コンセンサス・フレームワーク表紙

出所：APEC 事務局

すべてのパートナーは、患者へ質の高い医療を提供し、患者に最大限の利益をもたらすことを目的に日々努力している。

しかしながら、これらパートナーが相互に協力し、その目的を達成する手段である、パートナー共通の倫理原則や、直面している倫理的な課題などを議論するプラットフォームがこれまで存在しなかった。

そこで、本コンセンサス・フレームワークは「患者さんを最優先とする」「倫理的な研究と技術の革新を支持する」「中立性と倫理的な行動を保証する」「透明性の確保と説明責任を推進する」という4つの価値をパートナー共通の倫理原則として定めるとともに、議論のプラットフォームを設けた。加えて、設立そのものは初めの第一歩に過ぎず、サステナブルなことが重要であることから、国内版では特にグローバル版にはないすべてのパートナーが参加する定期的な会議の開催をうたっている。

2015年8月19日、フィリピン・マニラで開催されたAPEC同フォーラムの中の患者団体の方の発言は、筆者にとって生涯忘れられないものとなった。それは座談会方式のセッションで、フィリピン保健省の高官が政府はいかに患者のためを考えて行政を行っているか、世界医師会の代表者が医師はいかに患者のために医療を行っているかを話した後だった。

国際患者団体連合の代表者が「皆さん患者さんのために活動してくださっていると話されているが、私はそのように感じたことがない」という発言であった。この言葉を聞いた時、筆者は、頭をバットで殴られたような大きな衝撃を感じた。保健省、医師会のみならず、筆者の所属する製薬会社も、全社員が患者に希望をもたらすために日々仕事に励んでいるからである。「患者さんを最優先とする」などの4つの価値の倫理原則が実現されていることを患者が実感できる社会が到来するために、本コンセンサス・フレームワークの期待される役割は大きい。

患者、看護師、企業人、薬剤師、医師および官僚という多様な人材が本倫理原則を実現するためには、本書で記載したダイバーシティ経営の実行が不可欠である。そして、医療の分野におけるダイバーシティ経営の到達すべき段階の理想は、もちろん「統合」である。本倫理原則が、医療に携わるすべてのパートナーにとって、茶道の「和敬清寂」のような当然のものとなり、「統合」の段階にいたる日が来ることを祈るとともに、本コンセンサス・フレームワークの設立に携わった一人として、その実現のために微力ながら尽力したい。

梅岩の時代と異なり、ダイバーシティ経営が必須の経営アイテムの時代なのだからできるはずである。

（小島克己）

【第12章】 石門心学と社会貢献

本章では、企業の社会貢献活動について、梅岩の石門心学と現代経営とのかかわりをみていく。

1. 梅岩と商人道

(1) 梅岩の思想の基本にあること

梅岩は、『都鄙問答』の巻の一「都鄙問答の段」において、「本性とは、天から命を授かった時から備わっている「理」を意味する。人の本性には五倫五常の道が備わっている」という。また、文字が読めなくとも心を尽くして五倫五常の道に従う人を「真の学者」として尊重する。そのうえで、「(五倫五常の) 心を知り、実行すれば、生活態度は自然に改まり、安楽を知るようになる」と述べている。

梅岩の思想は、「人間の本性は五倫五常の道であり、その心を知り、その実行が日常となれば、安楽を得られるようになる」ことを基本としている。

梅岩は、「心を知れば、実行は容易にできるが、それを徹底して、安楽を得るにいたるのは難しい」という。なぜなら、「忠孝を尽くし、家業に精を出し、行いを慎まないと、心の安らぎは得られない」が、「体にしみついた欲が顔を出す」からである。

そのうえで、梅岩は、「力（本性を知る能力）があり、功（実行力）を備えた聖賢とは違い、自分たちのような凡人は、勉強して五倫五常の心を知り、できないことに苦しみながらも実行し、聖賢と同じ域まで徹底し、安楽を得るしかない」と言明する。そして、「自分が教えることは、心を知り、刻苦勉励すれば、誰でも日々を安楽に送れるようになることである」と述べている。

梅岩は、五倫五常の心を知り、その実行が日常となるよう努力を続け、聖賢の域に近づくにつれ、徐々に安楽を得られるようになることを教授しようとしている。

また、『都鄙問答』巻の二「ある学者、商人の学問をそしるの段」の中で、「道は一つではあるが、その中に士農工商の四民それぞれ進むべき道がある」という。また、梅岩は、士農工商の貴賤・身分を肯定し、異なる役割があることを認める。よって、士農工商は、各々の役割によってその道は異なるが、人の本性である五倫五常の心を知り、安楽を得るにいたる道として見れば、同じ道になるととらえている。

梅岩は、この議論を軸にして、「私は、『商人には商人としての道がある』ということを教えているのであって、士農工のことを教えているのではない」と述べ、自らが教授しようとする対象を定めている。

(2)「商人の道」とその方法

今までの議論から、「商人の道」とは、五倫五常の心を知り、実行することで安楽を得るにいたる道であるといえる。一方、梅岩は、『都鄙問答』巻の二「ある学者、商人の学問をそしるの段」にて、仕入値と売値の差額で利益を得ることが商人の道と述べている。仕入値は取引先との関係で成立する。売値は顧客との関係で成立する。また、差額で利益を得るには商家の運営が問われる。

これら2つの言説と整合する「商人の道」に従う顧客、取引先との関係、商家の運営について、梅岩は以下のようにまとめている。

①顧客を粗末にすることなく大切にする売り手となる。顧客の心にあう商売に精魂込めて勤めれば、憂いなく世渡りができる。

②そのうえで、第一に倹約を守って費用を抑制する。抑制した費用の範囲内で売値を下げれば、商品の値段が高いと言われないので、心は平穏になる。

③難癖をつけて仕入れ先の売値を値切り、売り手には通常価格で売る等をしない、金銭勘定を明確にすること以外の無理をしない、贅沢をしない、装身具に凝らない、遊興にふけらない、家屋敷の増改築を趣味としない。これらの類を控えれば、商品が想定以下の利益にしかならなくても家業は平穏である。

④目先の欲に目がくらみ、売買における不義によって微々たる金を儲けても、それ以外の正当な利益もすべて不正による利益と見なされ、最終的に子孫が滅びる。

①~④の方法を換言すれば、顧客を大切にして贔屓客を得ること、取引先との信頼関係を維持すること、不要な経費を節減すること、下請けいじめ、賄賂・リベート、乱脈経営を行わないこと等を意味する。

梅岩は、「商人としての正しい道を知らない者は、利を貪ることにのめり込み、かえって家をつぶしてしまう。それに対し、商人としての道を悟れば、利得ではなく、「仁」を心がけて仕事に励むので、家は栄える」と述べている。現代でも「商人の道」に従う経営が企業の維持可能性の向上に不可欠といえる。

2.「商人の道」で得た富の容認とその利用方法

(1) 梅岩による「商人の道」

梅岩は、「商人の道」に従い、前節の①~④の方法で利益を得るならば、「富が山のように築かれたとしても、その行為は欲得というべき欲心ではない」という。商人の職分は、「商品を流通させることで、万民の心を安心させること」を意味し、「売買益を得て商人としての務めを励めば、おのずと世の中のためになる」からである。よって、「商人の道」に従う商人が、自分の利益と社会全体の利益を整合させる自由・公正な市場を通じて富の集中を行うことを容認しているといえる。

梅岩は、自由市場を前提とするが、拡大再生産を想定していないことから、自由市場と定常経済を想定している。この想定で、利益を積みあげ、富を集中する確実な手段は、主に倹約(質素な生活と不要経費の節減)となる。よって、彼は、『都鄙問答』巻の四「ある人、主人の行状の是非を問うの段」にて、「一家の長たる者は、どの親戚もわが家のように思って、彼らが困難な状況に直面したら救いの手をさしのべるのが自分の役目だと考えるようにすれば、平生から倹約以外のことに心が向かうはずはない」と主張するのである。

梅岩は、「聖人が倹約を根本とし、奢侈を退けるのは、日頃から金を備蓄しておいて、凶作の年などの非常時に施そうという考えからだ」という。その理由を「人は貴賤に関係なく、誰もが『天の霊』なのである。困窮した人が、たとえ一人でも飢えて死にいたるようなことがあれば、それは天の霊を殺すのと同じことになる」ので、「聖人は、民を養うことを根本とする」と述べる。よって、「飢饉が起きた年には、そういう考え方をし、お上が飢えた人々を救済する」としている。

このような聖人の行いを根拠として、梅岩は倹約による富の集中と集中した富の有事における家族・親族への分配を（下々の者でも一家の長に立つ）商家の主人の役割と規定している。

（2）商家の主人の役割と社会貢献

梅岩は、『都鄙問答』「ある人、主人の行状の是非を問うの段」において、仁愛の心（人を思いやり、大切にする心）を持ち、高いレベルで「商人の道」に従う差配を日常とする商家の主人を取りあげている。

その主人が、飢饉の時に、集中した富の分配の範囲を親類、手代、独立した元手代などの縁者だけでなく、出入りの商人など、縁の薄い人たちまで拡張したことを評価する。また、飢饉等の有事に救済することを自らの役割とわきまえ、感謝されないことをも厭わない姿勢に感心している。

彼は、自身の役割を超えた差配を行い、感謝を求めない当該商家の主人を「聖人としても高みにある」と述べる。富の分配を無償で、かつ可能な範囲に広げる当該主人の差配は、社会貢献活動といえる。換言すれば、高いレベルで「商人の道」に従う差配を日常とするこの商家の主人にとって、役割を超えた社会貢献活動も日常に過ぎないことを意味する。梅岩は、この主人が聖人としても高いレベルで五倫五常の心を実行していると高く評価するのである。

梅岩は、仁愛の心の実践を基盤として、顧客や取引先から信頼される商売、自らを律した日常生活、富を集中し、有事に分配することを商人に求めている。それらこそ、「商人の道」に従い、家を繁盛させ、心の安楽をもたらす方法ととらえているからである。

3．梅岩の精神と企業の社会貢献のあり方：東日本大震災への対応

（1）梅岩の精神を現代企業につなげる社会貢献のあり方

さて、現代企業は、資本主義市場経済体制の中で、資本と経営が分離して巨大化しており、成長経済を前提に拡大再生産を求められている。よって、集中した富は、株主への利益還元、設備投資およびR&D等への配分を求められる。社会貢献活動に配分する場合も相応の意義が

求められる。

前述のとおり、現代でも「商人の道」に従う経営が企業の持続可能性の向上に不可欠といえる。これらはすべて「仁愛の心」を基盤にしている。現代企業が、所属する従業員の仁愛の心を磨き、「商人の道」に従う経営を支持するよう社会貢献活動をマネジメントするならば、集中した富を配分する意義がある。

よって、本節では、従業員の仁愛の心を磨き、「商人の道」に従う組織文化を育成することが、企業の社会貢献活動の意義になると想定する。

(2) 東日本大震災と企業の対応

2011(平成23)年3月11日14時46分に発生した三陸沖を震源とする東日本大地震については、発生直後から津波による被害などがさまざまなメディアで伝えられた。この凄惨さを目の当たりにして、多くの援助物資や義援金が寄付されている。実際に、日本赤十字社が受けつけた義援金は、2018(平成30)年5月末で3404億円を超えるという。

企業も相応の義援金や救援物資等を拠出している。それらは、仁愛の心の実践であり、「商人の道」に通じる貴い行為と考える。具体的には、救援物資や義援金を送付した企業、それらに加えて従業員の自主的なボランティアを許容した企業、医療用機器・機材を病院等に寄付し、機材の調整や修理を行う従業員の自主的なボランティアを許容した企業を確認している。より全社的なボランティア活動を行った企業も確認されている。たとえば、ヤマト運輸の現場の従業員は、震災直後、本社の指示を待たず、自発的に自治体に協力して配送を開始したという。同社の本社は、この活動を追認し、その後、協力体制を構築して全社的に推進したとされる。同社のＨＰでは、企業理念を実践したものと当該活動を評価している（http://www.kuronekoyamato.co.jp/ytc/strategy/page05.html）。

ヤマト運輸の「サービスが先、利益は後」という企業理念は、「まずはお客様へのサービスを徹底的に考え抜き、実行せよ。利益はその後からついてくる」ことを意味し、梅岩の「商人の道」の考え方と整合する。同社のボランティア活動は、現場の従業員が企業理念を実践していると本社が認め、その後、全社的に推進したことで、全従業員の仁愛を磨き、企業理念の理解を促し、企業全体が「商人の道」に従う組織文化の育成に寄与したと想定される。

次節では、このような効果をより具体的に調査するため、当初から東北地区の拠点と協力し、積極的なボランティア活動を本社がマネジメントして行った資生堂の活動を取りあげる。なぜなら、２０１２（平成24）年3月12日に実施した資生堂ＣＳＲ部への取材内容により、同社の東日本大震災にかかる社会貢献活動が、従業員の仁愛の心を磨き、企業理念の理解を促し、「商人の道」に従う組織文化を育成し、さらに企業の存続に寄与しているといえるからである。

4. 東日本大震災における資生堂の対応

(1) 資生堂における対応策の検討

東日本大震災の復興支援の中心となったCSR部の担当者(以下、CSR担当者)によれば、東北地区の拠点の従業員等によって、被害の凄惨さや避難所の生の状況、そして必要とされる支援物資等の情報を震災直後から得ていたという。また、被災した地域が広範囲で被害も甚大であり、現地に送られたさまざまな支援物資の配給に混乱が生じていたことも理解している。

これらを受けて、CSR担当者は、支援物資を送るだけでは被災者の抱える多様な問題を解決できないと考えたという。そこで「資生堂が行わなければいけない復興支援とは何か」を部内で徹底的に議論したと述べている。その結果、資生堂の従業員が共有する「おもてなしの心」と「化粧の力」の実践が、被災者にとって有効な支援になるとして、その具体的な方法論の検討に入ったと述べている。

「おもてなしの心」とは、同社の対面販売の要諦と位置づけられ、「人間同士が直接向き合い触れ合うことによってのみ、肌と心の癒やしを含めた本当の信頼関係が醸成できる」とする理念である。「化粧の力」とは、「化粧が持つ人間の心を元気づけあるいは活性化する力」を意味する。ともに資生堂の従業員の共通認識、企業理念として定着している。

実は、「おもてなしの心」や「化粧の力」を用いた社会貢献活動は、東日本大震災の復興支援をきっかけに検討されたものではない。資生堂が1975（昭和50）年から現在にいたるまで継続する高齢者施設での美容セミナーのボランティアですでに体現されている（吉田、2013）。同セミナーは、高齢者施設の入居者に化粧を施す等を行うボランティア活動であり、BCを中心に多くの社員が参加している。BCは、同社で化粧品の対面販売を行う美容部員（ビューティーコンサルタント：Beauty Consultant）を示す社内の略語である。

同活動では、比較的痴ほうが進み、表情が乏しい入居者の方でも、化粧を施すと一時的ではあるが表情が明るくなると報告されている。同様に、気持ちが前向きになり、おむつが取れた方もいたという。このような効果は、1993（平成5）年から始まった鳴門山上病院での活動を通じて報告されている（三浦、2003）。

当該活動は、従業員に対して、「化粧の力」が存在することを理解し、「おもてなしの心」とは何かを体感させる教育の場となることも考慮して行われている。

CSR担当者は、これらの活動で培った基本的な考え方を継承し、当初からその適用方法を模索し、参加者に「化粧の力」と「おもてなしの心」を体感、理解してもらう教育効果に配慮したと述べる。その結果、従業員が参加する主な活動として「物資支援のボランティア活動」と「ビューティーボランティア活動」を企画、実行している。

(2) 物資支援のボランティア活動

資生堂の物資支援は、復興の時期や季節に合わせてパッケージの内容を下記のとおり、きめ細やかに変更している。混乱が激しかった第1期を除き、救援物資を被災地にただ送るのではなく、被災者にボランティアの従業員が自社の救援物資を手渡す方法をとっている。本項では、同社の方法を他社と区別するため、「物資支援のボランティア活動」と呼称する。

・第1期：2011(平成23)年3〜4月

水のいらないシャンプーや洗顔シート・ボディーシート等、清潔にしたいというニーズに対応する商品(被災地の災害対策本部に提供)。

・第2期：2011(平成23)年5〜8月

眉墨、日焼け止め、化粧水、乳液、ファンデーションとそのケース、口紅など、女性が日常を取り戻すために必要な商品を配布(避難所を社員が訪問)。

・第3期：2011(平成23)年12月

シャンプー、リンス、洗顔料、化粧水、口紅、ハンドクリーム、リップクリームなど、日常生活で使用する商品を配布（仮設住宅を社員が戸別訪問）。

CSR担当者は、特に第1期で同社が配布したパッケージの内容は、他の支援物資では配されにくいが必要なものを提供したという。彼は、支援物資の選定に現場の生の声を聞き、女性の立場を理解している同社の東北地区拠点の従業員と協力した旨を述べている。また、第2期、第3期でボランティア活動を行う社員は、ただ支援物資を配布するのではなく、被災者と対面して、短くとも必ず言葉を交わすことを実践している。特に、避難所に訪問した第2期では、言葉を交わすことに加え、可能な限り10分程度のハンドマッサージを行っている。

実際のところ、ボランティアとはいえ、心に深い傷を負った知らない方と言葉を交わすのは、相応に心を強く持つ必要がある。事前にハンドマッサージの研修があるとはいえ、実際にその方々の手に触れることが、より難しいのは自明である。同社の社員が、この活動を真摯に行えるのは「おもてなしの心」を理解しているからといえる。

CSR担当者は、実際に参加した従業員が、直接相手と対面し、肌に触れることによって相手の心を癒やし、一時的でも笑顔を取り戻すことができたことを実感したとの感想を持つと述べている。取材時に同席していただいたCSR部の他の従業員は、ボランティア活動に参加した時、「仮設住宅のある老齢者から、震災にあって以来、初めてまともに人と話をしたと言われた」と語っている。

ＣＳＲ部の担当者は、物資支援のボランティア活動に参加した従業員が、資生堂の存在意義を認識し、愛着・帰属意識やロイヤルティの向上を感じており、社会貢献活動の意義があった旨を述べている。

（3）ビューティーボランティア活動

ビューティーボランティア活動（以下、ＢＣ活動）は、仮設住宅等に併設された集会所等に集まっていただいた女性に化粧を施すボランティア活動である。同活動に自主的に参加した従業員は、その体験の感想文を「ビューティーボランティア活動　所感入力用紙」（以下、所感用紙という）に記入している。

本項では、同社への取材内容に加え、２０１１（平成23）年11月５～６日のＢＣ活動の記録ＶＴＲと所感用紙を閲覧させていただいたうえで、所感用紙の記載内容から同活動の効果を検討する。

図表12－1は、参加した従業員38名の属性をまとめている。東北地区の参加者12名、東北地区以外の「地域外」の参加者26名は、地域別に２名ずつ（本社は10名）で構成されている。なお、所感用紙から東北地区の参加者は複数回、それ以外の地区の参加者は初回の参加であるこ

とを確認している。

図表12－2は、所感用紙に記載された感想に共通する項目を集約し、東北地区と地域外で区分して集約した結果である。東北地区の参加者は複数回参加しているため、所感用紙の記入内容も感想より実務的要望が中心となっているからである。

図表12－2の内容から、以下のことが観察される。

図表12-1　所感用紙記入者の属性

地域別／職種別	部長職	その他	美容職	合計
北海道	1	1		2
東北	3	8	1	12
関東甲信越	1		1	2
首都圏	1	1		2
中部	1		1	2
近畿	1	1		2
中四国		2		2
九州	1	1		2
沖縄		2		2
本社系	3	6	1	10
合計	12	22	4	38

1）「②被災者を元気づける効果がある」との感想を持つ地域外の参加者は69・2％（全体で76・3％）であり、この活動の成功がうかがえる。

2）「④実際に肌に触れることの大切さ」と「⑤化粧の力を感じる」という感想を持つ地域外の参加者は各々73・1％（同57・9％）と61・5％（同57・9％）、「④or⑤」は88・5

図表 12-2 所感用紙に入力した感想の共通項目

感想文の共通項		地域外（26 名）		東北地区（12 名）		総計（38 名）	
①	被災者から元気をもらった	23	88.5%	7	58.3%	30	78.9%
②	被災者の不安な気持ちを軽減できる、元気になってもらえる	18	69.2%	11	91.7%	29	76.3%
③	参加の機会に感謝している	21	80.8%	2	16.7%	23	60.5%
④	実際に肌に触れることの大切さ（肌と心をいやす）	19	73.1%	3	25.0%	22	57.9%
⑤	化粧の力を感じる	16	61.5%	6	50.0%	22	57.9%
⑥	資生堂に勤めてよかった、誇りに思う	14	53.8%	3	25.0%	17	44.7%
⑦	仕事への誇りとやりがいを感じた	12	46.2%	3	25.0%	15	39.5%
⑧	被災者の地震の時の辛さや気持ちを感じることが出来た	9	34.6%	3	25.0%	12	31.6%
⑨	BC の本来の使命、役割を確認できた	11	42.3%	0	0.0%	11	28.9%
⑩	もっと継続すべき、参加したい	6	23.1%	4	33.3%	10	26.3%
⑪	資生堂だからできる活動と思った	6	23.1%	2	16.7%	8	21.1%
④ or ⑤	社会的企業理念の浸透に相当	23	88.5%	8	66.7%	31	81.6%
⑥ or ⑦	情緒的コミットメントに相当	18	69.2%	6	50.0%	24	63.2%

％（同81・５％）である。参加者の80％以上が「おもてなしの心」と「化粧の力」にかかる企業理念の体感・理解の向上を感想としている。

３）「⑥資生堂に勤めてよかった、誇りに思う」と「⑦仕事への誇りややりがい」の感想を持つ地域外の参加者は、各々53・８％（同44・７％）と46・２％（同39・５％）、「⑥ or ⑦」は69・２％（同63・２％）である。参加者の60％以上が情緒的コミットメント（帰属意識、ロイヤルティ、仕事からの充足感）の向上を感想としている。

残念ながら、この調査結果では、ＢＣ活動に一定の効果があることを学術的に証明したことにはならない。筆者は、それをわきまえたうえで、全員の所感用紙の閲覧から参加者の感想をまとめたものとして、その傾向をうかがえると考える。

「おもてなしの心」と「化粧の力」は、資生堂の従業員固有の「仁愛の心」を示す企業理念であり、「商人の道」に従う経営の道しるべともいえる。「おもてなしの心」は、同社が最も重要と考える対面販売の要諦であり、「化粧の力」は、それを支える基盤と考えられるからである。これらの理念は、高齢者施設での美容セミナーのボランティア等で体感され、従業員の「実感を伴った企業理念」となり、組織文化として定着している。

東日本大震災の震災復興ボランティアは、これらの「実感を伴った企業理念」が組織文化として定着していなければ、一定の成功がなかったと考える。物資支援のボランティア活動は、心に少なからぬ傷を負った見知らぬ被災者と対面し、言葉を交わし、あるいは手に触れることを意味し、従業員の負担が大きいからである。「化粧の力」を信用していなければ、ＢＣ活動の意義から問われよう。

資生堂の震災復興ボランティアは、同社固有の「仁愛の心」を従業員に浸透させる教育的効果を前提に策定されている。その活動の結果、従業員は、資生堂で働く社会的意義を再確認し、同社への情緒的コミットメントを向上させたことがうかがえる。よって、同社では、所属する従業員の仁愛の心を磨き、企業理念の理解を促し、彼らが「商人の道」に従う経営を支持するようマネジメントしていることが確認される。

以上により、資生堂の社会貢献活動は、梅岩の「商人の道」に従う組織文化を育成しているといえる。ここに、現代企業において、企業の社会貢献活動に集中した富の配分を行う意義を見いだせる。

謝辞・著者注

取材および所感用紙の閲覧、利用、そして研究結果の公表をご快諾いただいた株式会社資生堂ＣＳＲ部の皆様のご厚意に心から感謝する。ここで、東日本大震災の復興支援に込められた皆様の考え方を明確に報告できる機会を見つけられず、今まで遅れてしまったことをお詫び申しあげる。万が一、本文の記載に事実との齟齬等があった場合、その責はすべて筆者にある。

（吉田哲朗）

Ⅱ 石門心学と現代経営

【第13章】『都鄙問答』に学ぶ企業危機とコミュニケーション

1．企業のクライシスコミュニケーション

(1) 企業危機と危機対応のコミュニケーション

本章では、企業のクライシスコミュニケーションについて、梅岩の石門心学と現代経営とのかかわりをみていく。

あらゆる企業は、多かれ少なかれ、さまざまな危機に巻き込まれる可能性を持っている。企業が突然見舞われる災害や自らが起こしてしまう産業事故、倫理的な不祥事など多岐にわたる。このような災害や事故といった事態は、企業イメージを悪化させるにとどまらず、ともすれば製品・サービスからの撤退や倒産など、企業経営に甚大な影響をおよぼしかねない。つまり、このような危機をどのように乗り越えるかは、まさに企業の持続的な発展にとって重要な命題である。

企業がこのような危機（以下、企業危機）を乗り越えるにあたっては、さまざまな意思決定や行動が必要となる。その中の重要なものの一つとして、近年、適切なクライシスコミュニケーションの実践が指摘されている。

クライシスコミュニケーションとは、元来、防災や安全保障分野で用いられる言葉である。企業に限らず、組織が危機に陥った時に、自らのステークホルダーを危険から守るために行われるコミュニケーションのことである。災害時に出される緊急速報や避難警報、大規模な製品事故や産業事故が発生した際に行われる企業の社告などは、クライシスコミュニケーションの適例といえる。

近年の企業不祥事とその対応が注目される中で、クライシスコミュニケーションは、企業危機を乗り切るための重要なファクターとして近年の実務において注目されるにいたっている。また、企業危機に関するこれまでの研究によれば（Coombs, 2009）、この危機において、企業がどのようにクライシスコミュニケーションをとるかは、その後の企業の命運を左右するとされている。

企業危機において、適切なクライシスコミュニケーションをどのように実践するかは、現代企業にとって重要な課題である。

(2) 失敗事例の多いクライシスコミュニケーション

企業の命運を左右するとされるのがクライシスコミュニケーションである。近年の国内の企業不祥事を見る限り、その失敗事例は大変に多い。

一般的に、クライシスコミュニケーションでは、ステークホルダーを危険から守ることを最優先として、迅速、正確なコミュニケーションをとることが原則とされている。しかし、このような指摘にもかかわらず、企業や組織は、往々にしてこれらの原則を、その危機の状況において守ることができない場合が多い。

たとえば、2000(平成12)年に発生した雪印集団食中毒事件においては、企業は食中毒発生の第一報を得てから実際の製品回収や食中毒発生の公表にいたるまで数日を要した。結果として、被害が拡大し、近畿地方を中心として1万4780人の被害者が発生するという、近年で例を見ない大規模な集団食中毒事件に発展した。この事例に限らず、パロマ湯沸器死亡事故や三菱自動車のリコール隠し事件など、自社製品の問題や欠陥をいち早くステークホルダーに伝えなかったゆえに被害が拡大した事例は多い。

いずれの事例も、ステークホルダーの生命が危険にさらされている状況にもかかわらず、迅速性、正確性がコミュニケーションにおいて実現されていない。もちろん、危害の発生メカニズムやその被害防止の方法が不明である場合は、クライシスコミュニケーションにおける迅速性、正確性には必然的に限界が存在する。

しかし、これらの事例においては、当該企業がその事実を認識しながらも情報を開示するにいたっていない。やや誤解を恐れずにいえば、これらの事例においては、意図的にクライシスコミュニケーションの迅速性、正確性が実践されていないのである。

しかも、このような事例は、本節にあげた事例にとどまらず、企業危機においては存外多い。なぜなのであろうか。実は、この背景には、企業存続にとって「信頼」がその生命線であるとともに、人間信頼の構築メカニズムの特質が深くかかわっている。

2. 企業信頼とクライシスコミュニケーションの緊張関係

企業活動は、原材料の購入、生産、物流、販売にいたるまで、多くのステークホルダーの協働によって成立している。これらの協働は、ステークホルダーと企業の信頼があってこそ機能する。翻せば、ステークホルダーとの間の信頼は、企業にとって生命線といえる存在なのである。

この「信頼」という生命線を守るため、企業は「自らが信頼に足りうる存在」であることを示すシグナルをステークホルダーに発信し続けている。近年、多くの企業によって取り組まれるCSR報告書や統合報告書の開示は、まさにこのシグナルの好例といえる。

また、自社の正確な経営状況を示すことによって株主との信頼関係を築くことを目的とした財務情報の開示や、コンプライアンスを重視する組織であることを広く意思表示する活動も、このシグナルの一部といえよう。そのほか、消費者に対する原材料や生産地の情報開示なども含めれば、それらの例は枚挙に暇がない。

翻せば、企業は「自らが信頼に足りうる存在」であることを示すシグナルの発信に常に心血を注いでいる。それほど、ステークホルダーの「信頼」は、企業にとって重要な生命線なのである。

クライシスコミュニケーションにおいて難しい点は、それを通じて企業が発信する情報は、その多くがステークホルダーにとってネガティブなシグナルとならざるを得ないという点である。

クライシスコミュニケーションが「ステークホルダーを危険から守ること」を第一の使命としている点が示すように、クライシスコミュニケーションが行われる企業危機では、多かれ少なかれ、顧客や従業員などの自社のステークホルダーが危険にさらされてしまうという事態が発生する。したがって、クライシスコミュニケーションを通じて発信される情報は、それまで信頼関係にあった企業によって、ステークホルダー自身が危険にさらされているという事実を知らせる意味を持つ。

ゆえに、クライシスコミュニケーションにおいて企業が発信する情報は、自らのステークホルダーの信頼を損ねるネガティブなシグナルとなる可能性を多分に有しているのである。

たしかに、ステークホルダーを守るために自社にとってネガティブな情報を積極的に開示することによって、逆に信頼が高まる事例も存在する。

たとえば、1982年に米国で発生した医薬品「タイレノール」の事故と、同医薬品を提供していたジョンソン&ジョンソン（正確には同社の子会社が提供していた）の対応は、これにあたる事例として有名である。

1982年、米国シカゴにおいて、シアン化合物によって7人の市民が死亡する事件が発生した。シカゴ警察は被害者がいずれも直前にタイレノールを服用していたことを発表した。タイレノールは当時の米国において、痛み止めとして広く普及していた医薬品であり、消費者の動揺は大きかった。事件当時、被害とタイレノールの使用の因果関係は不明であったが、この事態に際してジョンソン&ジョンソンは、会長自らが会見を行い、「タイレノールを飲まないように」との警告を広範に発するとともに、製品の全回収を発表した。

回収には1億ドル近い費用を要したといわれる。その後、死亡事故が発生しなかったことや、ジョンソン&ジョンソンが安全性の高い新パッケージを素早く開発、販売する等の徹底的な対策を講じたことから、事件から2か月後には事件前の売上の8割にまで回復した。また、この事件における経営者の対応は、今もなお社会から高く評価されている。

しかし、多くの企業危機の事例において、企業危機は、災害など非自発的なものであれ、あるいは製品サービスの事故など自発的なものであれ、その株価や製品・サービスの売上に負のインパクトをもたらしている。

人間の信頼のあり様について研究した心理学者ポール・ソルビックの言葉を借りれば、「信頼は、一つの不運な事故あるいは間違いによっても一瞬で崩れ去る可能性を有している」(Slovic, 1993)。まとめれば、クライシスコミュニケーションにおいて発信される情報は、やはり企業の業績や信頼に良い影響をおよぼさないネガティブなシグナルとなる可能性が大きいのである。

3. ネガティブなシグナルの影響と企業のジレンマ

さらに難しい問題は、人は本来的に信頼を構築しにくい性質を有し、一度信頼を失うとその再構築が難しいという性質を持っている点である。行動経済学や心理学の研究では、人間は

「利益を得る」よりも「損害の回避」を目指す傾向があることが指摘されている（真壁、2013・Motterlini, 2016）。つまり、人は「信頼をして何かを得る」よりも、「裏切られて何かを失う」ことを恐れて回避する本来的性質を持つのである。

この性質から、人は、企業が示すポジティブなシグナル、つまり企業が信頼に足りる存在であることを示すシグナルよりも、ネガティブなシグナル、つまり企業が信頼に足りるか疑念を持たせるシグナルに敏感に反応してしまう傾向を持ってしまう。

災害時に根拠のない情報であっても、それが自分にとって何らかの危険を示す情報である場合において、たちまちに人びと間で流布してしまう現象、すなわちデマは、この傾向をよく示している現象といえよう。

さらに、人は、一度信頼を失った相手を再び信頼して何かを得るよりも、再度裏切られることを防ぐために再び信じることを回避する傾向を持ってしまう。

強いブランドを有している企業であっても、一度の製品事故などによって製品・サービスの撤退に追い込まれる事例は多い。業界において安定的なシェアと強いブランドを有していた雪印食品でさえ、２０００年代の不祥事によってごく短期間に経営破綻にいたってしまった事例の存在は、この傾向をよく示している。

まとめれば、われわれが想像する以上に、企業のネガティブなシグナルは、ステークホルダーの信頼を、大きくかつ長期的に失わせる可能性を有している。クライシスコミュニケーションとは、ステークホルダーを危険から守るために、このようなネガティブなシグナルを積極的に発信することが求められる、企業にとって過酷な状況にほかならない。

ゆえに、時として企業は正確な情報を迅速に公開せねばならないという要請に対して、ネガティブなシグナルによって短期的に信頼関係を喪失したくないとする反作用が働き、結果的には、隠ぺいはより大きな信頼喪失につながるにもかかわらず、ジレンマに陥ってしまうのである。

では、企業はどのような心がけをもってクライシスコミュニケーションに臨めばよいのであろうか。次節では、梅岩の言葉を記した『都鄙問答』の内容をもとに、これを考えていきたい。

4.『都鄙問答』とクライシスコミュニケーション

(1)『都鄙問答』における御用商人の事例

クライシスコミュニケーションのあり方を考えるにあたって、梅岩の言葉を記した『都鄙問答』は、非常に面白い含蓄を持っている。『都鄙問答』の中には、まさにクライシスコミュニケーションに該当する事例が存在し、それについて梅岩が自身の言葉で商人のあるべき姿を説いているのである。

以降では、『都鄙問答』におけるこの事例部分を引用しながら、その内容を紹介する。続いて、この事例に対する梅岩の評価をもとに、彼がクライシスコミュニケーションという企業の難題に対して、どのようなあり方を説くかについて考察していく。

クライシスコミュニケーションの事例は、『都鄙問答』の中で、商人のあり方を説いた下りで、「御用商人」として出てくる。この事例をまとめると次のようになる。

ある武家のお屋敷に継続的に商品を販売する御用商人が二人いた。武家屋敷への販売は長期継続的な購買関係となることからして、それ以外に新規参入を望む商人も多く存在した。

ある日、武家屋敷の窓口の買物方《かいものかた》の役人が「二人の御用商人から買う品物は、値段がとても高いようだ」と考えて、新規参入を願っている商人の絹の販売価格と、既存の御用商人の販売価格を比較してみた。比較してみると、御用商人の販売価格が高価であり、その金額にかなりの開きがあった。

その役人は不愉快になり、出入りの御用商人を一人ずつ呼びつけて、「あなたが持参した呉服は、とても高かった。他の商人のところの値段と比較してみたら、大変な差があった。不届き千万である」と告げた。そして、各々にその理由について述べるよう要請した。つまり、それまで信頼関係にあったステークホルダー（出入りしていた武家）に、価格不正が発覚するという企業危機の発生である。

では、それぞれの商人は、どのようなクライシスコミュニケーションを実践し、どのような結果を招いたのであろうか。

一人の商人（以下、商人A）は、次のように説明した。「初めてこのお屋敷への御出入りをお願い致しました際には、自身の採算に合わない価格であってもお屋敷に販売したいと思い（採算を割る価格で）販売しました。しかし、その先も継続的に採算に合わない値段（で販売）を続けるのは無理です（だから、価格を上げて販売いたしました）」。

もう一人の商人（以下、商人B）は、次のような説明を行った。「お屋敷からの指摘はもっともです。私たちは、去年までは父が存命でお屋敷への販売業務にかかわっていました。しかし、父が亡くなってしまい、代わって私が役職を継承したのですが、いまだ勝手がよくわからず困惑しているところです。私自身が、仕入れが下手ということもあり、もしかしたら仕入れ先が高値で売ったかもしれません。高値で販売してしまったことを、とても不安に思っています」。

さらに続けて、「しかも、こちらのお屋敷が調達した呉服を高い値段で販売してしまったことは、これまで受けたお殿様の御恩を忘れた行為にほかなりません。今後しばらくは、これまでお殿様からいただいた扶持米《ふちまい》（の貯蓄）で生活をします。今後一、二年のうちに家財を処分して借金を返済したうえで、もし可能であれば改めてお屋敷に販売をさせてください」。

両方の商人の言い分を聞いた後、役人は商人Ａに対しては経済的に困窮しているように装って高値の販売を正当化しようとし、かつ役人を口先で丸めこもうとした非があるとして、御用商人としての仕事を召しあげた。つまり、契約を打ち切ったのである。

他方で、商人Ｂに対しては、正直な言い分であった点を評価し、かつその商人が貧乏になったのは亡父のおごった暮らしが原因で、本人の罪ではなかったことが発覚したことから、今後も継続的に取引するようにとした。さらに、借金についても武家屋敷において相談に乗るとした。

この事例では、いずれの商人も一般価格よりも高値の販売をしたという点ではステークホルダーに与えた損害は同じであった。しかし、クライシスコミュニケーションの内容と結果においては大きな差が生まれている。まさに、クライシスコミュニケーションのあり方を問うに良い事例ではないだろうか。では、この事例に対して、梅岩はどのような評価、解釈をしたのだろうか。

(2) 御用商人に対する梅岩の評価とクライシスコミュニケーションへの示唆

梅岩は、この事例に対して、商人Bが商人の美徳である「正直」の実践によって、幸福を得た手本として評価する。そして、商人Bの高値で販売したことに対する弁解の中には3つの美徳が内在したこと、武家の役人が商人Bの弁解の中に内在する3つの美徳の存在を認めたことが、この事例における「正直」が「幸福」をもたらしたメカニズムであるとしている。

この事例における、3つの美徳とは、①お殿様から受けた深い御恩を忘れず、(意図的に)高い値段をつけなかった誠実さ、②父の贅沢を隠そうとした孝徳心、そして、③役人を口先で丸めこもうとしなかった正直さである。

さらに梅岩は、コミュニケーションの相手の洞察力は自分が想像する以上のものであり、言葉をいたずらに並べることは、かえって信用を失わせる結果につながると指摘する。また、表現の技法にこだわるのではなく、ありのままに、かつ自分の言葉で話すことこそが、あるべきコミュニケーションであると指摘する。このようなコミュニケーションの実践こそがステークホルダーとの間の信頼構築につながり、その信頼によって商売は持続的に発展していくとしている。

梅岩のこの事例に対する評価は、現代企業のクライシスコミュニケーションのあり方について、いくつかの含意をもたらす。

第一は、クライシスコミュニケーションにおいては、「ありのままを話す」ことが重要であるとともに、最善の結果をもたらすという点である。この点は、本節において紹介した事例以外においても梅岩が繰り返して主張している点である。梅岩の示す倫理的価値である「正直」の具体的な実践の一つともいえる。また、『都鄙問答』において梅岩自身もこの姿勢を貫いている。

梅岩は、自身のキャリアが元来学者ではなく、かつ特定の学問の流派に属さない姿勢を貫いていたため、『都鄙問答』に収録される自身の講義において、たびたび受講者から梅岩の教えの正当性の根拠を問われている（正確には詰問に近い状態である）。

このような、質問に対して梅岩は自身のキャリアや特定の学問の流派に属していないことを、ありのままに認めたうえで回答を行っている。そして、それが結果的には、受講者の納得を構築している。

日本企業のクライシスマネジメントに関しては、とかくステークホルダーへの謝罪が重視されている印象を受ける。梅岩からすれば、それは「最善」なコミュニケーションではないと位置づけられると筆者は考える。ありのままの事実から、たとえステークホルダーの反感を得るとしても、主張すべきことは主張し、謝罪すべきところは謝罪する。これこそが、梅岩の求める「正直」を実践した、あるべきクライシスコミュニケーションの形態である。

第二は、コミュニケーションが双方の高い倫理規範にもとづいて行われているかという点である。ここで注目すべき点は、双方、つまり企業とステークホルダーの両方が高い倫理規範にもとづいてクライシスコミュニケーションがなされるべきと解釈できる点である。

この主張は、本節の事例のみからではなく、『都鄙問答』全体の主張を含めており、やや拡張解釈的な側面を有する。筆者は、梅岩の主張から導出できる興味深い含意ととらえる。その根拠を以下に示す。

まず、御用商人の事例においては商人Bの事例における成功要因は、商人Bが実践した正直なコミュニケーションの存在があるが、これだけが要因ではない。御用商人の事例が成功事例となるためには、商人たちの不正への弁解に対して倫理的観点から評価を公平に行い、かつ商人たちの不正から自己利益を引き出そうとしなかった武家屋敷の役人の高い倫理性が存在する。つまり、双方が倫理的であったがゆえに、正直が幸福となりえる事例になったと指摘することができよう。

次に、『都鄙問答』においては「人の失敗」から利益を得ることが重ねて非難されている。梅岩は、このような「人の失敗」から利益を得ることが、実社会においてはよく行われていることを事例をもって解説している。そして、「人の失敗」から得る利益は、「正直な利益」ではなく、商人に限らず得るべきではないと非難する。このような利益は長期的には商業の持続的な発展を阻害するとも指摘している。

つまり、実社会においては、他者の失敗は自己利益を得る機会として存在しがちである。そして、高い倫理観をもってこれは行わない、あるいは排除することが、本人にとっても社会にとっても望ましいと梅岩は主張しているといえよう。

まとめれば、高い倫理観にもとづいた発信と受信の相互作用によってこそ、最善のクライシスコミュニケーションは完成する。昨今の企業不祥事におけるクライシスコミュニケーションにおいては、企業側の倫理性を問うことが主眼となっている。クライシスコミュニケーションが最善の結果をもたらすには、聞き手であるステークホルダーの倫理的な姿勢も求められているのである。

クライシスコミュニケーションのあるべき姿に、双方、つまり企業とステークホルダーの両方の高い倫理的意識を求めている点は、現代社会に対す梅岩からの意義深いメッセージであると筆者は考える。

（平野　琢）

【エピローグ】 石門心学の経営の留意点、今後の企業経営へのメッセージ

1．全体のまとめ

(1) 梅岩の生涯と教え、石門心学

1）梅岩の生涯

梅岩は、元禄時代の1685（貞享2）年9月15日に、現在の京都府亀岡市の山村に百姓の次男として生まれた。京都の呉服商に奉公し実務を経験する一方、神道、儒教、仏教を独学し、「人の人たる道」を探求した。

享保の改革時代に、小栗了雲へ師事し思想家への道を歩み、45歳の折に無料で私塾を開き、人の道を説いた。長年の研究のまとめとして、弟子たちの協力も得て、54歳で『都鄙問答』を、58歳で『倹約斉家論』を刊行した。

1744（延享元）年9月24日、59歳にて永眠した。

2）石門心学は、三方よしの思想への展開

石門心学は商いの思想といわれ、「勤勉」「正直」「倹約」を説いた。石門心学の影響を受け、江戸時代における近江商人の日々の行動は、それぞれの「家訓」等の形で商売の実践に活かされていた。

さらに、梅岩の思想は、二宮尊徳の報徳思想などに影響を与え、後年渋沢栄一も信奉したと伝えられている。

その後の近江商人の思想は、現代の企業経営の視点から見れば、売り手よし、買い手よし、世間よしの「三方よし」の原点となり、伊藤忠商事、松坂屋、三越の家訓にも盛り込まれている。近代では、稲盛和夫などの偉大な経営者にも、人間観、労働観、商業観などの面で、大きな影響を与えている。

梅岩が目指した「商いの倫理」を現代流に読み替えると、マルチ・ステークホルダーの満足を目指す経営と考えられる。

（2）現代との関係

1）梅岩とピーター・ドラッカー

梅岩とドラッカーとは、生きた時代が200年余離れているが、二人には人間の本性（本

心）への理解において共通する部分が多い。今日、一般的にドラッカーといえば、「知の巨人」「マネジメントの父」などと称されているが、二人の思想家は、人と社会のあり方を示しており、日本の企業経営に大きな影響を与えている。

ドラッカーのいう人間の本質（本性）は自由であり、与えられる自由ではなく、責任をもった自由、自律を重んじる自由である。ドラッカーの生涯のテーマとなった「自由で機能する社会」の探求である。

「心学」を究めた梅岩と「マネジメント」を発見したドラッカーの社会観は多くの点で一致している。梅岩は、商人の利益について「富（利益）の主は天下の人々である」という。つまり自分たちの利益は、顧客から預かったものに過ぎないととらえており、謙虚な姿勢である。石門心学で有名な言葉として「先も立ち、我も立つ」がある。

ドラッカーの思想に親和性を感じるのは、この梅岩の思想が江戸時代から明治・大正・昭和へと日本人の精神に引き継がれている証拠なのである。

2）梅岩の教えとESG、SDGs、ダイバーシティ経営、顧客満足

近江商人の三方よしの経営理念は、現代のCSRと見事に合致している。近江を中心に、知行合一の日本から生まれた思想は、「社徳」として生かされ、まさに良き企業市民を目標とし

ＣＳＲそのものとなっている。

ＥＳＧが生まれた背景には、クリエイティブなロジックの構築（創造的な理由づけ）があった。それは、環境・社会・ガバナンスの各要素を考慮した投資を行ったほうが、すなわち、社会的に価値のある投資を行ったほうが、長期的に見ると、投資リターンが高い（儲かる）というロジックである。

梅岩の教えを読むと、多くの場面で、何らかの行為の目的として子孫繁栄を掲げ、子孫繁栄をもたらす方法（「子孫繁栄の道」）を説いている。これは、ＳＤＧｓと関係性がある。

たとえば、商人のあるべき姿（商人道）として、人としての道（道理）を知らずに不義の金儲け（道義に反した金儲け）をすると、結局は子孫が絶える結果を招きかねないので、心底から子孫を愛する気持ちがあるのなら、正しい道を歩んで家業が栄えるようにすべきである、と説いている。

昨今注目を浴びているのがダイバーシティ経営である。ダイバーシティ経営とは、「多様な属性の違いを活かし、個々の人材の能力を最大限引き出すことにより、付加価値を生み出し続ける企業を目指して、全社的かつ継続的に進めていく経営上の取組」をいう。

現在では、組織における多様性を実現しようとする概念ととらえられている。具体的には女性、高齢者、外国人、障がい者などさまざまな人材の活用を目指すものである。

梅岩は1729（享保14）年に京都に学び舎を開いた。その際に「老若男女共に望みあらば無縁の方々も聞かれるべし」との看板を学び舎に出し、男性のみならず、女性や高齢者の受講を認めた。そうした梅岩の教えに通じるものがあり、「勤勉」「正直」および「倹約」は、今日の日本人の美意識、倫理観にも深い影響を与えている。

「顧客満足」「顧客第一主義」の思考は、梅岩の教えでは、「顧客に寄り添って、良い商品を提供する」といわれている。これは、経営学におけるサービス・品質における信頼、顧客の信頼の獲得をするための経営努力などに影響をおよぼしている。現代においてベネッセ、アデランス、グンゼ、パナソニックなどにそのような経営努力が見られる。

梅岩の目線は、数世代先、100年200年後を見据えた、サステナブルなものであり、超長期の視点である。その中には、梅岩が後世に呼びかけたものとして、現代のアカウンタビリティ、コンプライアンス、ガバナンスへの対応があると考えられる。

3）梅岩の教えと地域社会、社会貢献、クライシスコミュニケーション

梅岩の活動は、地域社会に根ざしており、幅広い層への市井での講話である。その教育内容は、現実に即してわかりやすく、しかも道徳と経済を統合し、質の高い生涯教育となっている。これはＳＤＧｓに通じる普遍性がある。

梅岩は、当時の士農工商という身分制度ではなく、各人が自分の善性を磨く修行の場として平等に対応し、商業の社会的意義を明確にして、利益を得ることの正当性を論じている。この結果、集積した富の扱い方にも、人間の善性を磨く修行の場として社会貢献活動として具体化している。

梅岩は、『都鄙問答』における「御用商人の教え」などをもとに良いクライシスコミュニケーションの核は、「正直」であることを示している。現代における企業不祥事を見るにつけ、「正直」こそ、クライシスコミュニケーションにおける重要な要素であることを強調するものである。

2．石門心学にもとづく企業経営の7か条

梅岩の言葉と教えを生かして「勤勉」「正直」「倹約」の重要性から、「人の人たる道」を追求し、企業経営に生かす。

第1　企業経営に際しては、正々堂々と商売し、社会のため、人々のために尽くさなければならない。

第2 良心に照らし正直に商売することが、利益を得る正道である。
第3 勤勉に仕事をすることにより、自分の仕事に安らぎをもたらし、継続できる。
第4 常に倹約に心がけることにより、景気や生活の変化に柔軟に対応でき、周囲に平和をもたらす。
第5 現場の実情と声を大切にして、互いに心を通じ合わせることにより、成果があがる。
第6 取引は、相手に利があって自分にも利が生まれるとの考えで、ステークホルダーの立場を配慮することが肝要である。
第7 自然の摂理に従うことにより、社会に貢献できる商売ができる。

（田中宏司）

付録　石田梅岩の関連年表

太字：本書関連のできごと

年号	年齢	石田梅岩の生い立ちと事績	本書関連、日本および世界の動き
1685（貞享2）	0歳	**9月15日、丹波国桑田郡東懸村（現在の京都府亀岡市東別院町東掛）にて、父・権右衛門、母・たねの次男として誕生。名は興長、通称は勘平。後に、号を梅岩とする。**	
1686（貞享3）	1歳		百姓一揆・貞享騒動
1687（貞享4）	2歳		**井原西鶴が『武道伝来記』を刊行。** 生類憐れみの令（1687-1709年）
1688（元禄元）	3歳		**元禄文化（1688-1707年）** **井原西鶴が『日本永代蔵』を刊行。**
1691（元禄4）	6歳		学問所「有備館」が開設。 尾張徳川家家臣・朝日重章の日記『鸚鵡籠中記』（1691-1718年）
1693（元禄6）	8歳		井原西鶴が死去。
1694（元禄7）	9歳	**自家と他家の境界で拾った栗を持ち帰ったことを父・権右衛門に叱られ、元のところに栗を戻す。**	松尾芭蕉が死去。

1695（元禄8）	10歳	京都にある商家に奉公に出る。	
1697（元禄10）	12歳		徳川光圀が『大日本史』を刊行。 『農業全書』の刊行。 米沢藩・興譲館の建立。
1699（元禄12）	14歳	父・権右衛門が奉公先・商家の貧窮に陥っている実情を知り、梅岩を郷里に戻す。	
1702（元禄15）	17歳		赤穂浪士討ち入り 新井白石が『藩翰譜』を完成。 松尾芭蕉が『奥の細道』を刊行。
1703（元禄16）	18歳		近松門左衛門の『曽根崎心中』が公演。
1704（宝永元）	19歳	胃腸を病み、朝夕に粥を食べて回復する。以後、1日2食の生活を続ける。	
1707（宝永4）	22歳	京都の商家・黒柳家に奉公に出る。	宝永大噴火
1708（宝永5）	23歳		生物・農学書『大和本草』が刊行。 京都大火
1709（宝永6）	24歳		徳川家宣が第6代征夷大将軍となる。 幕府が儒者・新井白石を登用。
1711（正徳元）	26歳	不正を嫌い病気になったことから、奉公先の老母に遊興をすすめられる。	朝鮮通信使待遇問題

太字：本書関連のできごと

年号	年齢	石田梅岩の生い立ちと事績	本書関連、日本および世界の動き
1712（正徳2）	27歳		新井白石が『読史余論』を刊行。
1713（正徳3）	28歳		徳川家継が第7代征夷大将軍となる。
1715（正徳5）	30歳		近松門左衛門の『国性爺合戦』が公演。 新井白石が「海舶互市新例」を制定。
1716（享保元）	31歳	**父・権右衛門が死去。**	**享保の改革（1716-45年）** 新井白石が『古史通』『折たく柴の記』を刊行。 **徳川吉宗が第8代征夷大将軍となる。**
1718（享保3）	33歳	**手島堵庵が生まれる。**	長州藩・明倫館を創建。
1719（享保4）	34歳	**人生への不安を感じ、諸家の講釈を聴講する。**	徳川吉宗が「相対済令」を発令。
1720（享保5）	35歳	**京都在住の禅僧であり、漢学者でもあった小栗了雲に師事し、思想家への道を歩み始める。**	
1721（享保6）	36歳		評定所門前に目安箱が設置される。 近松門左衛門の『心中天網島』が公演。
1722（享保7）	37歳		小石川養生所が設置される。 「上米の制」を制定。

1723（享保8）	38歳		「足高の制」を制定。
1724（享保9）	39歳	郷里に戻り、母・たねを看病する。この際、「性は是天地万物の親」、さらに「我なし」と悟る。	大坂商人により学問所「懐徳堂」が設立。
1725（享保10）	40歳	中沢道二が生まれる。	
1727（享保12）	42歳	商家・黒柳家への奉公を辞す。	荻生徂徠が『政談』を刊行。エンゲルベルト・ケンペルが『日本誌』を出版。
1728（享保13）	43歳		荻生徂徠が死去。
1729（享保14）	44歳	師・小栗了雲が死去。京都・車屋町通御池上ル東側の借家を教室にして、無料で「人の人たる道」を説く講座を開く。	
1730（享保15）	45歳		京都大火
1732（享保17）	47歳		享保の大飢饉
1734（享保19）	49歳		解剖学書『ターヘル・アナトミア』が出版。
1735（享保20）	50歳	京都高倉通錦小路上ルの大庄屋の屋敷にて夜講を行う。手島堵庵が入門する。	青木昆陽が『蕃薯考』を刊行。

太字：本書関連のできごと

年号	年齢	石田梅岩の生い立ちと事績	本書関連、日本および世界の動き
1736（元文元）	51歳	**母・たねが死去。**	仙台藩・明倫養賢堂（1736-86年）
1737（元文2）	52歳	**京都堺町通六角下ル東側に転居する。**	
1738（元文3）	53歳	**門人数名とともに、但馬・城崎温泉に1ヵ月間ほど滞在し、『都鄙問答』を校訂する。**	**林子平が生まれる。**
1739（元文4）	54歳	**『都鄙問答』を刊行。**	鳥取藩・百姓による元文一揆
1740（元文5）	55歳	**門人とともに、大飢饉にみまわれた京都の貧困者の救済活動を行う。**	
1742（寛保2）	57歳	**大坂の講座にて、新道家大山英方と問答する。** 熊本六所明神神主行藤志摩守と問答する。 京都壬生東之坊にて、月見会を催す。	公事方御定書の制定。
1743（寛保3）	58歳	『先生問答井門人物語』成る。	
1744（延享元）	59歳	**『倹約斉家論』を刊行。** **9月24日、永眠。**	

江戸時代（延享3～慶応）	**手島堵庵らによって『石田先生事績』が完成（1769年）。** **手島堵庵によって、1765年に五楽舎、1773年に修正舎、1779年に時習舎、1782年に明倫舎が創立される。** **中沢道二によって、参前舎が創立される（1781年）。** 廣瀬尹寿によって『諸国舎号』が出版される（1789年）。 『石田勘平一代記』が出版される（1802年）。 **『石田先生事績』が出版される（1805年）。** **二宮尊徳が誕生（1787年）。** **デンマークでキルケゴールが誕生（1813年）。** **福沢諭吉が誕生（1835年）。** **渋沢栄一が誕生（1840年）。** **ペリーが浦賀に来航（1853年）。** 徳川家茂が第14代征夷大将軍となる（1858年）。 安政の大獄（1858-59年） 桜田門外の変（1860年） **内村鑑三が誕生（1861年）。** **ドイツでマックス・ウェーバーが誕生（1864年）。** 徳川慶喜が第15代征夷大将軍となる（1866年）。 大政奉還（1879年）
明治・大正	廃藩置県（1871年） 松下幸之助の誕生（1894年）。 **ピーター・ドラッカーの誕生（1909年）。**

太字：本書関連のできごと

年号	年齢	石田梅岩の生い立ちと事績	本書関連、日本および世界の動き
昭和・平成〜			**ロバート・ベラーの誕生（１９２７年）。** **稲盛和夫の誕生（１９３２年）。** **米国・タイレノール事件（１９８２年）** 経団連が企業行動憲章を制定（１９９１年）。 **雪印集団食中毒事件（２０００年）** **会社法の改正（２００５年）。** **国連が責任投資原則を提唱（２００６年）。** **リーマンショック（２００８年）** 社会的責任規格ＩＳＯ２６０００の発行。 **東日本大震災（２０１１年）** **国連がＳＤＧｓを提唱、採択（２０１５年）。** **東芝事件（２０１５-１８年）** **経団連が企業行動憲章を改定（２０１７年）。** **英国でコーポレートガバナンスコードを大幅改訂（２０１８年）。** 東京オリンピック（２０２０年）

参考文献

全体

・石田梅岩著、足立栗園校訂『都鄙問答』岩波文庫、1935年
・石田梅岩著、城島明彦訳『石田梅岩『都鄙問答』』致知出版社、2016年

プロローグ

・Barnard, C. I.（1938）*The Function of The Executive*, Harvard University（山本安次郎他訳『経営者の役割』ダイヤモンド社、1968年）
・Drucker, P. F.（1950）*The New Society*, Harper & Brothers（現代経営研究会訳『新しい社会と新しい経営』ダイヤモンド社、1957年）
・Simon, H. A.（1945）*Administrative Behavior*, The Free Press（松田武彦他訳『経営行動』ダイヤモンド社、1989年）
・加藤周一責任編集『日本の名著18・富永仲基、石田梅岩』中央公論社、1972年
・日本経営倫理学会編『経営倫理用語辞典』白桃書房、2008年
・玉置半兵衛『あんなぁ　よおぅききや』京都新聞出版センター、2003年
・平田雅彦『企業倫理とは何か─石田梅岩に学ぶCSRの精神』PHP新書、2005年
・平田雅彦『ドラッカーに先駆けた江戸商人の思想』日経BP社、2010年
・水尾順一『サスティナブル・カンパニー：「ずーっと」栄える会社の事業構想』宣伝会議、2016年

・消費者庁「公益通報者保護制度の実効性の向上に関する検討会」最終報告書、2016年
・心学開講280年記念「今よみがえる石田梅岩の教え」亀岡市文化資料館、2009年
・水尾順一「経営倫理における自浄的な相談・通報体制の内部制度化」日本経営学会誌、第8号、2002年
・水尾順一「日本における経営倫理の過去・現在・未来：その制度的枠組みと、ECSRによる三方よし経営を考える」駿河台大学経済論集、第27巻第2号、2018年
・毎日新聞、2017年6月27日付「京を拓く、半兵衛麩」
・(株) ダイセルホームページ〈https://www.daicel.com/csr/ethics/ethics.html〉

第1章

・柴田 実『人物叢書 石田梅岩』吉川弘文館、1988年
・柴田 実校注『石門心学』岩波書店、1971年
・寺田一清編『石田梅岩のことば』登龍館、2007年
・森田健司『石田梅岩』かもがわ出版、2015年
・山岡正義『魂の商人 石田梅岩が語ったこと』サンマーク出版、2014年

第2章

・石川 謙『石門心学史の研究』岩波書店、1928年
・伊藤 聡『神道とは何か』中公新書、2012年
・今井 淳・山本眞功編『石門心学の思想』ぺりかん社、2006年

・加藤周一責任編集『日本の名著18・富永仲基、石田梅岩』中央公論社、1972年
・國學院大學日本文化研究所編『神道辞典』弘文堂、1999年
・小林勝人訳注『孟子（上・下）』岩波書店、1968年、1972年
・柴田　実『人物叢書　石田梅岩』吉川弘文館、1988年
・柴田　実校注『石門心学』岩波書店、1971年
・新谷尚紀『神道入門　民俗伝承から日本文化を読む』筑摩書房、2018年
・竹中靖一『石門心学の経済思想（増補版）』ミネルヴァ書房、1972年
・西田幾多郎『善の研究』岩波書店、1950年
・平田雅彦『企業倫理とは何か―石田梅岩に学ぶCSRの精神』PHP新書、2005年
・平田雅彦『ドラッカーに先駆けた江戸商人の思想』日経BP社、2010年
・古田紹欽・今井　淳編『石田梅岩の思想「心」と「倹約」の哲学』ぺりかん社、1979年
・森　和也『神道・儒教・仏教―江戸思想史の中の三教』筑摩書房、2018年
・森三樹三郎訳『荘子（Ⅰ・Ⅱ）』中央公論新社、2001年
・森田健司『石門心学と近代』八千代出版、2012年
・森田健司『石田梅岩』かもがわ出版、2015年
・森田健司『なぜ名経営者は石田梅岩に学ぶのか?』ディスカヴァー・トゥエンティワン、2015年
・山岡正義『魂の商人　石田梅岩が語ったこと』サンマーク出版、2014年
・黄　海玉「石田梅岩の神儒仏習合思想に関する一考察」佛教大学大学院紀要、教育学研究科篇、第39号、19―36頁、2011年

第3章

・石川　謙『石田梅岩と「都鄙問答」』岩波書店、1968年
・荻生徂徠『政談　服部本』平凡社、2011年
・貝原益軒『君子訓　中』益軒全集3巻、益軒会、1911年
・海保青陵『経済談（善中談）』日本経済大典27巻、啓明社、1929年
・加藤周一責任編集『日本の名著18・富永仲基、石田梅岩』中央公論社、1972年
・苅部　直『「維新革命」への道　「文明」を求めた十九世紀日本』新潮社、2017年
・熊沢蕃山『集議和書巻第十三』日本倫理彙編、育成会、1901年
・慶應義塾編『福沢諭吉全集　第3巻』岩波書店、1959年
・齋藤洋一・大石慎三郎『身分差別社会の真実』講談社、1995年
・佐藤信淵『物価余論簽書』＝国会図書館蔵書
・柴田　実『人物叢書　石田梅岩』吉川弘文館、1988年
・柴田　実校注『石門心学』岩波書店、1971年
・鈴木正三『万民徳用』須原屋北畠書店、1889年
・高島正憲『経済成長の日本史』名古屋大学出版会、2017年
・高野昌碩『富強六略』日本経済叢書17巻、日本経済叢書刊行会、1915年
・竹中靖一『石門心学の経済思想（増補版）』ミネルヴァ書房、1972年
・竹中靖一『日本的経営の源流』ミネルヴァ書房、1977年
・田中宏司・水尾順一・蟻生俊夫編『二宮尊徳に学ぶ「報徳」の経営』同友館、2017年

・田中健夫『人物叢書　島井宗室』吉川弘文館、1961年
・林　子平『上書』日本経済叢書12巻、日本経済叢書刊行会、1915年
・広瀬　豊編『民道六（民政）』山鹿素行全集思想篇4巻、岩波書店、1941年
・船橋晴雄『日本経済の故郷を歩く』中央公論新社、2000年
・R・N・ベラー『日本近代化と宗教倫理』未来社、1966年
・本庄栄治郎『日本経済思想史』清文堂、1971年
・本庄栄治郎『日本経済思想史研究　上、下』日本評論社、1966年
・水田紀久ら校注『富永仲基　山片蟠桃』日本思想大系43巻、岩波書店、1973年
・三井高房『町人考見録』日本経済叢書15巻、日本経済叢書刊行会、1915年
・森田健司『なぜ名経営者は石田梅岩に学ぶのか？』ディスカヴァー・トゥエンティワン、2015年
・吉川幸次郎ら校注『日本思想体系36　荻生徂徠』岩波書店、1973年
・岩瀬忠篤「「心学」の石田梅岩」千葉大学経済研究、18巻4号、2004年
・折原　裕「江戸期における商利肯定論の形成―石田梅岩と山片蟠桃」敬愛大学研究論集、42号、1992年
・折原　裕「江戸期における農兵論の系譜―熊沢蕃山と荻生徂徠」敬愛大学研究論集、47号、1995年
・寺出道雄「荻生徂徠素人の読み方：『政談』を学ぶ」三田学会雑誌、105巻3号、2012年
・鄧　宜欣「元禄享保期の経世思想」お茶の水女子大学比較日本教育研究センター研究年報、11号、2015年
・藤井定義「石田梅岩の心学と懐徳堂学派―利の思想の相違を中心に」大阪府立大学歴史研究会編歴史研究、19号、1978年

第4章
・今谷　明『近江から日本史を読み直す』講談社現代新書、２００７年
・末永國紀『ＣＳＲの源流三方よし近江商人学入門』サンライズ出版、２００４年
・田中宏司・水尾順一編『三方よしに学ぶ人に好かれる会社』サンライズ出版、２０１５年
・中江藤樹『翁問答』岩波文庫、１９８９年
・内村鑑三『代表的日本人』岩波文庫、１９９５年
・水谷雅一『経営倫理学のすすめ』丸善ライブラリー、１９９８年
・「滋賀県琵琶湖の富栄養化の防止に関する条例」滋賀県条例第37号、１９８２年
・武藤信夫「角倉了以・素庵：世界に先駆け、経営倫理を実践」日本経営倫理学会誌、第9号、２００２年
・ＮＰＯ法人三方よし研究所ホームページ〈http://sanpo-yoshi.net/index.html〉
・一般社団法人日本経済団体連合会ホームページ〈http://www.keidanren.or.jp/index.html〉

第5章
・加藤周一責任編集『日本の名著18・富永仲基、石田梅岩』中央公論社、１９７２年
・柴田　実校注『石門心学』岩波書店、１９７１年
・田中宏司・水尾順一・蟻生俊夫編『二宮尊徳に学ぶ「報徳」の経営』同友館、２０１７年
・童門冬二『二宮尊徳の経営学』ＰＨＰ文庫、２０１３年
・平田雅彦『企業倫理とは何か　石田梅岩に学ぶＣＳＲの精神』ＰＨＰ新書、２００５年
・松沢成文『教養として知っておきたい二宮尊徳』ＰＨＰ新書、２０１６年

・三戸岡道夫『二宮金次郎の一生』栄光出版社、２００２年
・丸山敏秋「日本人の覚悟」新世、倫理研究所、２０１８年12月号

第6章
・アメーバ経営学術研究会編『アメーバ経営の進化―理論と実践』中央経済社、２０１７年
・稲盛和夫『人生と経営―人間として正しいことを追求する』致知出版社、１９９８年
・稲盛和夫『ガキの自叙伝』日本経済新聞社、２００２年
・稲盛和夫『京セラフィロソフィ』サンマーク出版、２０１４年
・稲盛和夫『心を高める、経営を伸ばす―素晴らしい人生をおくるために』ＰＨＰ研究所、２０１５年
・稲盛和夫『稲盛和夫の哲学―人は何のために生きるのか』ＰＨＰ研究所、２０１７年
・稲盛和夫『生き方―人間として一番大切なもの』サンマーク出版、２０１８年
・稲盛和夫・梅原　猛『哲学への回帰―資本主義の新しい精神を求めて』ＰＨＰ研究所、１９９５年
・由井常彦『都鄙問答　経営の道と心』日本経済新聞、２００７年
・吉田健一「石田梅岩と稲盛和夫の思想　石門心学思想の今日的意義と稲盛哲学との比較」鹿児島大学稲盛アカデミー研究紀要Ｖｏｌ・２、１０５―１５０頁、２０１０年
・京セラホームページ〈https://www.kyocera.co.jp/company/philosophy/index.html〉（２０１８年11月１日参照）
・ＫＤＤＩホームページ〈http://www.kddi.com/corporate/kddi/philosophy/?bid=kd-we-corgn-0005〉（２０１８年11月１日参照）
・日本航空ホームページ〈https://www.jal.com/ja/outline/philosophy.html〉（２０１８年11月１日参照）

・日本財団ホームページ〈https://nippon.zaidan.info/seikabutsu/2000/00198/contents/158.htm〉（2018年11月1日参照）

第7章

・いしだにろう『こころの花たば　勘平さん物語』南郷書房、1986年
・菊澤研宗『ビジネススクールでは教えてくれないドラッカー』祥伝社新書、2015年
・河野大機『経営学史叢書　第X巻　ドラッカー』文眞堂、2012年
・堺屋太一『日本を創った12人』PHP文庫、2006年
・P・F・ドラッカー『すでに起こった未来』ダイヤモンド社、1994年
・仲正昌樹『思想家ドラッカーを読む　リベラルと保守のあいだで』NTT出版、2018年
・平田雅彦『企業倫理とは何か―石田梅岩に学ぶCSRの精神』PHP新書、2005年
・平田雅彦『ドラッカーに先駆けた江戸商人の思想』日経BP社、2010年
・R・N・ベラー『徳川時代の宗教』岩波文庫、1996年
・三浦一郎・井坂康志『ドラッカー　人・思想・実践』文眞堂、2014年
・三戸　公『ドラッカー、その思想』文眞堂、2011年
・森田健司『なぜ名経営者は石田梅岩に学ぶのか？』ディスカヴァー・トゥエンティワン、2015年
・山岡正義『魂の商人　石田梅岩が語ったこと』サンマーク出版、2014年

第8章

・今井　祐『東芝事件と「守りのガバナンス」』文眞堂、２０１６年
・川村　隆『１００年企業の改革　私と日立』日本経済新聞出版社、２０１６年
・北川哲雄編『スチュワードシップとコーポレートガバナンス：２つのコードが変える日本の企業・経済・社会』東洋経済新報社、２０１５年
・北川哲雄編『ガバナンス革命の新たなロードマップ』東洋経済新報社、２０１７年
・高橋文郎『ビジネスリーダーのフィロソフィー』金融財政事情研究会、２０１２年
・平田雅彦『企業倫理とは何か　石田梅岩に学ぶＣＳＲの精神』ＰＨＰ新書、２００５年
・Ｒ・Ｎ・ベラー『徳川時代の宗教』岩波文庫、１９９６年
・林　順一「投資家を意識してＥＳＧ情報を開示している日本企業の属性分析」異文化経営研究、第13号、２０１６年
・林　順一「ＥＳＧ投資の対象となる日本企業の属性分析」日本経営倫理学会誌、第25号、２０１８年
・林　順一「ＳＤＧｓに初期の段階から取り組む日本企業の属性分析」日本経営倫理学会誌、第26号、２０１９年

第9章

・石川　謙『石田梅岩と「都鄙問答」〔特装版〕』岩波書店、１９９３年
・山岡正義『魂の商人　石田梅岩が語ったこと』サンマーク出版、２０１４年
・萩原道雄「企業倫理の源流と現代における意義　―江戸中期の石田梅岩の思想を中心にして」東洋大学大学院紀要、第46号、２５３―２７３頁、２００９年
・谷沢永一「人間通と世間通〝古典の英知〟は今も輝く」文藝春秋、２０００年

・山本七平『「空気」の研究』文藝春秋、1983年

第10章
・弦間　明・小林俊治監修、日本取締役協会編著『江戸に学ぶ企業倫理―日本におけるCSRの源流』生産性出版、2006年
・平田雅彦『企業倫理とは何か―石田梅岩に学ぶCSRの精神』PHP新書、2005年
・森田健司『なぜ名経営者は石田梅岩に学ぶのか?』ディスカヴァー・トゥエンティワン、2015年
・堺屋太一『日本を創った12人』PHP研究所、2012年
・嶋口充輝・竹内弘高・片平秀貴・石井淳蔵『マーケティング革新の時代①　顧客創造』有斐閣、1998年
・三谷宏治「深さの経済による顧客生涯価値の追求」DIAMONDハーバード・ビジネス・レビュー、1999年6―7月号
・水尾順一「今よみがえる「石門心学」商いの論理」繊研新聞、2018年10月23日10面
・韓国銀行「日本企業の長寿要因および示唆点」2008年

第11章
・石田梅岩先生顕彰会『石門心学の開祖　石田梅岩』、2010年
・裏千家今日庵『裏千家茶道』一般財団法人今日庵、2004年
・大久保幸夫・皆月みゆき『働き方改革　個を活かすマネジメント』日本経済新聞出版社、2017年
・岡倉天心（黛敏郎訳）『茶の本』三笠書房、1984年

・尾崎俊哉『ダイバーシティ・マネジメント入門』ナカニシヤ出版、2017年
・堺屋太一『日本を創った12人』PHP研究所、2006年
・鈴木宗保・宗幹『裏千家茶の湯』主婦の友社、1971年
・清水正博『先哲・石田梅岩の世界─神天の祈りと日常実践』新風書房、2014年
・鈴木　進『石田梅岩　人生の足場をどこにすえるか』大和出版、1996年
・千　玄室『茶のこころを世界へ』PHP研究所、2014年
・平田雅彦『企業倫理とは何か─石田梅岩に学ぶCSRの精神』PHP研究所、2005年
・森下典子『日日是好日─「お茶」が教えてくれた15のしあわせ』新潮社、2008年
・森下典子『好日日記　季節のように生きる』PARCO出版、2018年
・森田健司『石田梅岩　峻厳なる町人道徳家の孤影』かもがわ出版、2015年
・ランジェイ・グラティ「従業員の自由と責任を両立させる経営」DIAMONDハーバード・ビジネス・レビュー、2018年8月号
・小島克己「APEC中小企業のためのビジネス倫理イニシアティブに関する一考察─医療機器及びバイオ医薬品分野に着目して─」日本経営倫理学会誌、第25号、2018年
・髙井信夫「正義・良心・数字」ビジネス法務、2018年11月号
・谷口真美「組織におけるダイバシティ・マネジメント」日本労働研究雑誌、第574号、2008年
・キャサリ・H・ティンズリー、ロビン・J・イーリー「職場の男女格差はどのように生まれるのか」DIAMONDハーバード・ビジネス・レビュー、2018年11月号
・堀井良殷「心学が説く商人の道」日本経済新聞、2018年10月26日朝刊

・水尾順一「今よみがえる石門心学商いの論理」繊研新聞、２０１８年10月23日

第12章

・田中宏司・水尾順一編『人にやさしい会社　安心・安全・絆の経営』白桃書房、２０１３年
・東北支社・美容統括部・営業推進部・ＣＳＲ部編（２０１２）『実施結果報告　全国代表ＢＣによる第２回ビューティー支援活動ＩＮ　Ｆｕｋｕｓｈｉｍａ　希望×絆×紡ぐ』資生堂
・三浦史郎「サクセスフル　エイジングセミナー活動」『おいでるみん』Ｖｏｌ・14、資生堂企業資料館、１８７―１９３頁、２００３年
・日本赤十字社『東日本大震災義援金の受付および送金状況のご報告』日本赤十字社、２０１８年〈http://www.jrc.or.jp/contribute/help/cat612/〉（２０１８年11月27日参照）

第13章

・Coombs W.T.（edited）, Holladay S.J.（edited）（2009）*The Handbook of Crisis Communication*（*Handbooks in Communication and Media*）, Wiley-Blackwell.
・Motterlini, M.（2016）*Economia emotiva. Che cosa si nasconde dietro i nostri conti quotidiani*, BUR Biblioteca Univ. Rizzoli. 邦訳・マッテオ・モッテルリーニ『経済は感情で動く：はじめての行動経済学』泉　典子訳、紀伊國屋書店、２００８年
・真壁昭夫『最強のファイナンス理論―心理学が解くマーケットの謎』講談社現代新書、２００３年
・Slovic, P.（1993）"Perceived Risk, Trust, and Democracy", *Risk Analysis*, 13（6）, pp.675-682.

エピローグ

・森田健司『石田梅岩』かもがわ出版、２０１５年
・森田健司『なぜ名経営者は石田梅岩に学ぶのか？』ディスカヴァー・トゥエンティワン、２０１５年
・山岡正義『魂の商人　石田梅岩が語ったこと』サンマーク出版、２０１４年
・堀井良殷「心学が説く商人の道」日本経済新聞、２０１８年10月26日
・水尾順一「今よみがえる石門心学商いの論理」繊研新聞、２０１８年10月23日

著者紹介

■編著者

田中　宏司（たなか　ひろじ）　エピローグ

（一社）経営倫理実践研究センター特別首席研究員、東京交通短期大学名誉教授。1959年中央大学第2法学部・1968年同第2経済学部卒業。1954～90年日本銀行、1970年ミシガン州立大学留学（日銀派遣）、ケミカル信託銀行を経て、2002～06年立教大学大学院教授、2008～13年東京交通短期大学学長・教授。1996～2010年高千穂大学・早稲田大学大学院・関東学院大学・日本大学等兼任講師を歴任。経済産業省・日本規格協会「ISO/SR国内委員会」「ISO26000JIS化本委員会」委員等歴任。

【主要著書】『CSRの基礎知識』日本規格協会、『コンプライアンス経営［新版］』生産性出版、『三方よしに学ぶ　人に好かれる会社』サンライズ出版（共編著）、『渋沢栄一に学ぶ「論語と算盤」の経営』同友館（共編著）、『二宮尊徳に学ぶ「報徳」の経営』同友館（共編著）、『企業の社会的責任と人権』人権教育啓発推進センターなど

水尾　順一（みずお　じゅんいち）　プロローグ

MIZUOコンプライアンス＆ガバナンス研究所代表・駿河台大学名誉教授、博士（経営学）。1970年神戸商科大学（現・兵庫県立大学）卒業、（株）資生堂を経て1999年駿河台大学へ奉職、経済経営学部教授、経済研究所所長等を歴任後2018年3月退職。日本経営倫理学会副会長、（一社）経営倫理実践研究センター首席研究員、2006～08年東京工業大学大学院特任教授、2010年ロンドン大学客員研究員。（株）ダイセル社外監査役、（株）アデランス顧問（元社外取締役）、（株）西武ホールディングス企業倫理委員会委員、（株）資生堂社友。消費者庁「内部通報制度に関する認証制度検討会」座長等。

【主要著書】『二宮尊徳に学ぶ「報徳」の経営』同友館（共編著）、『サスティナブル・カンパニー：「ずーっと」栄える会社の事業構想』宣伝会議、『渋沢栄一に学ぶ「論語と算盤」の経営』同友館（共編著）、『マーケティング倫理が企業を救う』生産性出版、『三方よしに学ぶ　人に好かれる会社』サンライズ出版（共編著）、『CSRで経営力を高める』東洋経済新報社、『セルフ・ガバナンスの経営倫理』千倉書房、『CSRマネジメント』生産性出版（共編著）他多数

蟻生　俊夫（ありう　としお）　第1章、年表

（一財）電力中央研究所企画グループ上席、白鷗大学経営学部兼任講師（1995年～）、日本経営倫理学会常任理事・CSR研究部会長、公益事業学会評議員。1988年東北大学大学院修了（工学修士）、（財）電力中央研究所経済研究所入所。1992年日本開発銀行非常勤調査員、1994年ドイツケルン大学エネルギー経済研究所客員研究員、2005～14年電力中央研究所社会経済研究所上席研究員。

【主要著書】『CSRマネジメント』（共著、生産性出版）、『CSRイニシアチブ』日本規格協会（共編著）、『やさしいCSRイニシアチブ』日本規格協会（共編著）、『人にやさしい会社』白桃書房（共著）、『グローバル企業の経営倫理とCSR』白桃書房（共著）、「日本企業におけるCSR体制・活動の財務業績への影響に関する実証分析」日本経営倫理学会誌第22号、『三方よしに学ぶ　人に好かれる会社』サンライズ出版（共著）、『渋沢栄一に学ぶ「論語と算盤」の経営』同友館（共編著）、『二宮尊徳に学ぶ「報徳」の経営』同友館（共編著）など

■執筆者（掲載順）

増田　　靖（ますだ　やすし）　第２章

光産業創成大学院大学光産業創成研究科教授。埼玉大学経済科学研究科博士後期課程修了、博士（経済学）。明治大学特定課題研究所客員研究員、（一社）経営情報学会理事、（特非）組織学会評議員。

【主要著書】『生の現場の「語り」と動機の詩学――観測志向型理論に定位した現場研究＝動機づけマネジメントの方法論』ひつじ書房、『ハンドブック組織ディスコース研究』同文舘出版（共訳)、『二宮尊徳に学ぶ「報徳」の経営』同友館（共著）など

荻野　博司（おぎの　ひろし）　第３章

東洋学園大学グローバル・コミュニケーション学部特任教授。多摩大学客員教授、NPO 法人日本コーポレート・ガバナンス・ネットワーク理事。1975 年一橋大学法学部卒業。朝日新聞社論説副主幹などを経て、現職。2014 年から苫小牧埠頭（株）社外監査役。

【主要著書】『問われる経営者』中央経済社、『日米摩擦最前線』朝日新聞社、『コーポレート・ガバナンス―英国の企業改革』商事法務研究会（編著）など

村瀬　次彦（むらせ　つぎひこ）　第４章

協和発酵キリン（株）CSR 推進部マネジャー。NPO 法人日本経営倫理士協会プロジェクトプランナー・特別研究会幹事長、経営倫理士、日本経営倫理学会会員。麒麟麦酒（株）参事を経て現職。

【主要著書】『CSR の源流「三方よし」に想う』日本経営倫理士協会 HP、『フェアプレーの精神とはなにか』日本経営倫理士協会 HP など

平塚　直（ひらつか　ただし）　第5章
日本ビクター（株）CS本部人事責任者、パナソニックエクセルスタッフ横浜支店顧問、（一社）経営倫理実践研究センター主幹を経て、現在、NPO法人日本経営倫理士協会渉外担当。経営倫理士、日本経営倫理学会会員、企業リスク研究所執行役員、オルタナ総研主任研究員。
【主要著書】『三方よしに学ぶ　人に好かれる会社』サンライズ出版（共著）、『渋澤栄一に学ぶ「論語と算盤」の経営』同友館、（共著）、『二宮尊徳に学ぶ「報徳」の経営』同友館（共著）など

桑山　三恵子（くわやま　みえこ）　第6章
一橋大学CFO教育研究センター客員研究員（元一橋大学大学院特任教授）、（一社）経営倫理実践研究センター上席研究員、（株）富士通ゼネラル取締役、（株）安藤ハザマ取締役。筑波大学大学院修士課程修了、修士（経営学）、一橋大学大学院後期博士課程単位取得退学。元（株）資生堂CSR部部長、法務部部長。
【主要著書】『社会から信頼される企業』中央経済社（共著）、『人にやさしい会社』白桃書房（共著）『渋沢栄一に学ぶ「論語と算盤」の経営』同友館（共著）、『二宮尊徳に学ぶ「報徳」の経営』同友館（共著）など

北村　和敏（きたむら　かずとし）　第7章
（株）大塚製薬工場総務部部長。経営倫理士、NPO法人日本経営倫理士協会常務理事、ドラッカー学会企画編集委員、日本経営倫理学会員、ドラッカー「マネジメント」研究会総合企画委員／少子高齢分科会顧問。
【主要著書・論文】『三方よしに学ぶ　人に好かれる会社』サンライズ出版（共著）、『渋沢栄一に学ぶ「論語と算盤」の経営』同友館（共著）、『二宮尊徳に学ぶ「報徳」の経営』同友館（共著）、「ドラッカーの社会的責任（CSR）」ドラッカー学会年報、文明とマネジメントVol.13　など

林　　順一（はやし　じゅんいち）　第8章

青山学院大学特別研究員。慶應義塾大学商学部卒業、マンチェスター大学経営大学院修了、筑波大学大学院修士課程修了後、青山学院大学大学院博士課程修了。MBA、修士（法学）、博士（経営管理）。（株）第一勧業銀行（現（株）みずほ銀行）、（株）みずほフィナンシャルグループ、みずほ証券（株）等を経て、現在、日土地アセットマネジメント（株）勤務。

【主要著書】『スチュワードシップとコーポレートガバナンス』東洋経済新報社（共著）、『ガバナンス革命の新たなロードマップ』東洋経済新報社（共著）、『バックキャスト思考とSDGs／ESG投資』同文舘出版（共著）など

笹谷　秀光（ささや　ひでみつ）　第9章

CSR／SDGコンサルタント、（株）伊藤園顧問、社会情報大学院大学客員教授。東京大学法学部卒業。1977年農水省入省、環境省大臣官房審議官、農水省大臣官房審議官等を経て2008年退官。同年伊藤園入社、取締役、常務執行役員を経て、2018年5月より現職。日本経営倫理学会理事、グローバルビジネス学会理事、サステナビリティ日本フォーラム理事を兼任。笹谷秀光公式サイト—発信型三方よし（https://csrsdg.com/）

【主要著書】『CSR新時代の競争戦略』日本評論社、『協創力が稼ぐ時代』ウィズワークス社、『経営に生かすSDGs講座』環境新聞社など

高野　一彦（たかの　かずひこ）　第10章

関西大学 社会安全学部・大学院社会安全研究科 教授。中央大学大学院法学研究科博士課程修了、博士（法学）。民間企業、名古屋商科大学大学院 教授、関西大学 准教授、教授、副学部長を経て現職。日本経営倫理学会常任理事、（一社）経営倫理実践研究センター上席研究員などを兼任。

【主要著書】『情報法コンプライアンスと内部統制 第2版』ファーストプレスなど

小島　克己（こじま　かつみ）　第 11 章
アボットジャパン（株）リージョナル・コンプライアンス・ディレクター。元サノフィ（株）執行役員。京都府立医科大学客員講師。早稲田大学法学部卒業。一橋大学大学院後期博士課程単位修得退学。経営大学院 INSEAD エグゼクティブ・プログラム（ヘルスケア・コンプライアンス）修了。
【主要論文・著書】「APEC 中小企業のためのビジネス倫理イニシアティブに関する一考察」年報経営倫理 25 号、『二宮尊徳に学ぶ「報徳」の経営』同友館（共著）など

吉田　哲朗（よしだ　てつろう）　第 12 章
信金中央金庫　地域・中小企業研究所研究員、宮城大学非常勤講師、日本サステナブル投資フォーラム運営委員。1986 年早稲田大学卒業。2004 年早稲田大学大学院修了、学術修士。2015 年上智大学大学院後期博士課程資格取得満期退学、博士（環境学）。1986 年より証券会社、損保系投資顧問、信託銀行等を経て現職。
【主要著書・論文】『二宮尊徳に学ぶ「報徳」の経営』同友館（共著）、「企業の社会的責任論の問題点とその解決に対する論考」日本経営倫理学会誌第 24 号、他多数

平野　　琢（ひらの　たく）　第 13 章
九州大学大学院経済学研究院産業マネジメント部門講師。一橋大学経営学修士課程修了、東京工業大学イノベーションマネジメント研究科博士課程修了（工学博士）。東京工業大学特別研究員、東京交通短期大学専任講師を経て 2018 年より現職。（一社）経営倫理実践研究センター講師。専門分野はリスクマネジメントおよび経営倫理。
【主要著書】『渋沢栄一に学ぶ「論語と算盤」の経営』同友館、（共著）、『二宮尊徳に学ぶ「報徳」の経営』同友館（共著）など

一般社団法人　経営倫理実践研究センターについて

一般社団法人経営倫理実践研究センター（http:www.berc.gr.jp）は、通称をBERC“ベルク”と称します。BERC（Business Ethics Research Center）に由来しているからです。BERCは、企業や組織の経営倫理を実践・研究するわが国初の産学協同の専門機関として、1997（平成9）年に、志ある企業経営者と日本に経営倫理の概念を広げようとしていた一人の学者によって創設されました。その後、活動を続ける中で、組織としての実態や規模の拡大を背景に、2009（平成21）年度には一般社団法人となりました。

一方、BERCは、同じく経営倫理について学問的視点から研究を行う「日本経営倫理学会」と、経営倫理を学習する企業人等志のある個人に対して「経営倫理士」という資格付与を行うNPO法人「日本経営倫理士協会」との三位一体的な活動を行っています。

経営倫理に関する国内外の情報収集や研究、企業活動に対するコンサルティング、企業人への啓発・普及・出版活動など、文字通り具体的な研究と実務への反映に努めて参りました。現在では、その実績の積み重ねにより、会員企業の輪も167社（2018年12月現在）に拡大しております。

BERCでは、あらゆる業種業態を含む企業や法人への、継続的な経営倫理やCSR活動全般に資する活動をこれからもさらに充実させ、あらゆる企業経営や組織経営への支援を続けていきます。そして、この書籍のテーマでもある「石田梅岩に学ぶ「石門心学」の経営」の精神の実現に向けて、本書の執筆にあたられた多くの先生方、企業人とともに、これからも積極的に活動を展開して参る所存です。

一般社団法人　経営倫理実践研究センター
専務理事　河口 洋徳

2019年4月25日　第1刷発行

石田梅岩に学ぶ「石門心学」の経営

田中　宏司
©編著者　水尾　順一
蟻生　俊夫
発行者　脇坂　康弘

〒113-0033 東京都文京区本郷3-38-1
発行所　株式会社 同友館
TEL. 03 (3813) 3966
FAX. 03 (3818) 2774
URL https://www.doyukan.co.jp

落丁・乱丁本はお取替えいたします。
ISBN 978-4-496-05412-9
萩原印刷／東京美術紙工
Printed in Japan